# 讓你說話更有趣的40個技巧

話し方の技術が面白いほど身につく本【改訂版】

HIROSHI SAKURAI
櫻井弘——著 趙君苹——譯

CONTENTS

## 第4章 讓人稱讚你「超有趣！」〈實踐篇〉

## 第5章 又有趣又能「打動他人」的說話方式



## 第6章 最有趣的說話專家私房技術大公開

# 前言

# 考慮對方立場，說話就能變有趣

作家井上廈說過：「話語，是為了對方而存在。」

我的第一本作品《打造有趣說話技巧的書》，出版於一九九九年五月。當時我認為，這本書是因為「為了自己的說話技巧」而受到矚目。然而，說話技巧是一種「思考模式」，而「高明的說話技巧」則是能夠「考慮對方的立場」——這正是我寫下本書的一大重點。

托許多人的福，《打造有趣說話技巧的書》出版至今，已成為印量超過七十刷的暢銷書，不僅受到眾多讀者的喜愛，對我而言，也成為永生難忘的一本書。而本書是二〇〇二年十二月出版的《說話更有趣的技巧》的修訂版，以第一本著作為基礎，並新增介紹鍛鍊「說話技巧」的具體方法，從初次出版到現在，經過了十年。「說話技巧」因為能夠「實現與他人心靈交流的力量」而受到矚目，所以我趁著這次機會，將舊作隨時代潮流更新而誕生了這本書。

「當你認為自己的存在，是為了對方時，一個人就會產生改變」這是說話技巧研究所所長福田健說過的話，我非常感謝這位偉大的老師。

「改變說話技巧，你就能煥然一新！」

第 1 章

# 讓你說話更有趣的八大基本技巧

▶▶ 突然被邀請上台致詞分享而感到困窘尷尬……，即使遇到這種場面，只要平時準備好八項基礎技巧，就沒問題了。透過不斷練習，未來你的說話技巧必定能夠成功贏得他人好感。

LESSON 1

# 演講致詞請用三明治法

若毫無預警突然被別人邀請去演講或致詞，或許有人會感到很困擾。然而，人生本來就不可能百分之百，照著安排好的計畫、完全順著自己的意思發展。因此，最好平日就能夠培養出「隨時被邀請上台也沒問題」的狀態。

這時，有個名為「三明治法」的招術，可以幫助你處理突如其來的演講或致詞。這是一個以「問候」來包夾開場和結束的說話技巧，**也就是「用問候語開始、以問候語收尾」，這就是「三明治法」的特徵。**

「什麼！原來是這回事喔？」也許有很多人會這麼認

**鐵則**

「三明治法的流程」

STEP 1 以問候語開場
↓
STEP 2 報出自己全名
↓
STEP 3 演講的內容說明
↓
STEP 4 再次報上自己全名
↓
STEP 5 用問候語做結束

為，但只要仔細聆聽其他人演講時，應該就會注意到所謂的「這回事」，其實常常被忽略。既然如此，那我們就先來試試看「三明治法」所擁有的效果吧！

若以畫來比喻，這個方法就像是一幅畫的「畫框」。好不容易完成一幅畫，若不鑲上畫框就彷彿還沒完工。**演講致詞也是同樣道理，開場及收尾要是沒有區隔清楚，可能會給人乏味且無法集中注意力的印象**。

即使談話內容不小心稍微零散，若使用「三明治法」就可以使整體演講，給人俐落的印象，這叫做「兩端效果」，實際體驗過這個效用後，你就會積極活用「三明治法」。

### 害羞，是因為對自己太在乎

在實際研習課程中，我常看到有人因為覺得「害羞」而沒有好好落實「三明治法」。這是因為他們覺得：「沒必要一直對同樣的人問候那麼多次吧？」「好像有點怪怪的。」然而，所謂「害羞」，是「對自己的一種在意」，當對自我過分在乎時，說話技巧就無法順利發揮。

案例研討

## 這樣用「三明治法」自我介紹

現在就按照「三明治法」的重點，嘗試一分鐘的自我介紹。若將一分鐘自我介紹寫成文稿，大約是兩百五十字。這裡將舉例一個不好的範例，讓各位參考。

〔不良例子〕

我姓**大場**，是**大場代官屋敷**（編註：東京指定史蹟，為日本國家重要文化財）的「大場」，住在東京都內，出生地也是東京。家裡有一個姐姐和一個哥哥，兩人已經結婚且搬到外面住。我目前還是單身，並跟父母一起住在家裡。

詳細解說

❶ 聽眾只能聽出姓名的發音是「ｏｂａ」，但不知道漢字是「大葉」還是「多葉」（編註：這兩個詞在日文皆念作ｏｂａ）。若想讓聽眾記住你的名字，不可忽略漢字說明的步驟。

興趣部分，雖然沒有特別的愛好，但學生時代曾經參加過棒球社，所以**不算討厭運動**。目前於精密機械的輸出販賣公司，擔任會計方面的工作。最近熱中於使用網路，每天都會使用電腦。由於在公司也會使用電腦，這一陣子都利用午休時間，玩電腦遊戲來解除壓力。

❷ 就算說了是「大場代官屋敷」的大場，但除了當地居民，其他人根本不知道在說那裡。若非內部私人場合，而是大型公開場面，這是不適當的介紹方法。

❸ 只說出不算討厭運動，含糊且籠統，聽眾無法了解講者到底是喜歡「做運動」，還是喜歡「觀看運動賽事」。

**解說**

這個自我介紹只是把各種資訊一一列舉出來，但彼此之間缺乏關聯性及具體性，非常難讓人留下印象。因此，就算講者覺得自己好像說了很多，但卻成了「自我中心的說話方式」，且最後也沒有利用三明治法來做收場的問候，這是很常見的一種不佳示範。

LESSON 2

# 開場的問候將決定一切

通常很多人在演講時，一開始會先報上自己的名字，之後再用「請多多指教」來問候聽眾。然而，對聽眾而言，突然被告知講者姓名，這樣的資訊並無法讓人做好心理準備，反而無法順利地把接下來的談話內容聽進去。

所謂問候，是一種「傳遞給對方」的內容，若是自顧自地問候是行不通的。那應該怎樣進行問候才好呢？

**首先，請發出明亮、爽朗的聲音**。這裡的明亮，是指「敞開」的意思。若講者帶著警戒心及不安上台，就無法以明亮的聲音來打動聽眾，進而使他們敞開心房。接著，**請隨**

●開場問候若沒有精神，聽眾就不會想繼續聆聽演講內容。

**時隨地都用活潑有朝氣的聲音來向人問候**。日常生活中的習慣，其實能帶出極大的影響力，因此，問候、打招呼，更得從平時開始訓練。

另外，一定要**從自己開始主動問候**。《史記・項羽本紀》中記載著：「吾聞先即制人，後則為人所制。」俗話也說：「先下手為強。」先主動跟人打招呼，就能成為引導對方的力量。

最後，**必須堅持且有耐性地問候**。人類不一定都能夠按照規則行事，就算我們照著說明手冊來打招呼，也不一定能夠獲得預期回應。因此，問候他人時，請記得要根據不同時間、對方的狀況及心情、性格及時機等綜合因素納入考量。

### 能夠傳達給對方的問候

這是一個新進員工的例子。有天，上司把這名新員工叫過去，並告訴他：「你啊！打招呼這點事情，可不可以好好做？」結果他邊低著頭，邊嘀咕：「我明明就有做……」就算自己覺得已經好好做到，但要是沒有成功傳達給對方，那就不算是成功的問候、打招呼了。

檢查項目

## 每天問候的十個重點

為了確保問候能夠傳遞給對方，請一一檢查自己每天的問候，最終目標就是完全達成以下十個項目。

❶自己先主動開口問候 □
❷以明亮的聲音喊出對方的名字 □
❸問候時要挺直背部 □
❹身體朝向對方，進行問候 □

詳細解說

❶ 新進員工等年輕人對於自己主動打招呼這件事，多半感到畏怯。然而，打招呼這件事就是講求「先下手為強」的態度，從中可培養自己開始行動的積極態度，對平時的工作或生活也能帶來正面影響。

❺ 打招呼時，看著對方的眼睛 □

❻ 先主動發出聲音，再打招呼 □

❼ 增加一句加分的「醍醐味」 □

❽ 與自己不擅長應付的人打招呼 □

❾ 對於錯失打招呼的人，也能在之後補上問候 □

❿ 從對方那裡得到明朗的回應 □

❼ 在「問候」中增加一句幽默或帶有溫暖的話語，能使接受問候的人，心情平穩下來、增進彼此情誼。

❿ 成功傳達給對方才能夠稱之為「問候」。當得到對方開朗的回應時，你的「問候」就算是成功了。

LESSON 3

# 最後的問候能畫龍點睛

很多時候到了演講快結束時，滿腦子充斥著「剛剛演講時，沒有完全發揮事前準備的內容」「規劃好的內容有一半都沒講到」等情緒，根本就沒有心情好好地做收場問候。

然而，不管怎麼樣，你都不能忘記在你眼前，從開始到結束都很認真聽你講話的聽眾。因此，首先應該對聽眾表示「非常感謝您的聆聽」或「往後也請多多指教」等「問候語句」來結束演講。

若用體操來比喻「最後的問候」，那就像是「著地」的動作。即使著地之外的表演都滿分，但若最後的著地搞砸

**最後這樣講，前功盡棄**

雖然我沒有說得很好……

✕

非常抱歉，我的演講內容很難懂！

了，那總得分也會大幅降低。**在演講的場合也是一樣，就算內容多麼精采，若缺乏了最後的問候，聽眾的反應就會變低落，得到的掌聲大概也會七零八落。**

相反地，若最後以問候來收尾的演講，通常會得到響亮的掌聲。這是因為演講結束在聽眾拍手的好時機，掌聲自然給得熱絡。

進行最後問候時，可以稍為暫停一下、挺直背脊、面向大家、深吸一口氣之後，再以清澈響亮的聲音來收場，做完美的結束。

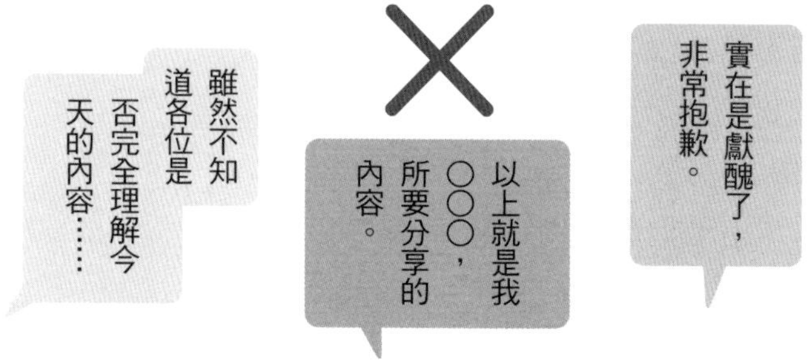
實在是獻醜了，非常抱歉。
以上就是我〇〇〇，所要分享的內容。
雖然不知道各位是否完全理解今天的內容……

檢查項目

## 不可在收場問候時做的事

演講結束的收尾問候，必須保持俐落乾淨，才能夠漂亮大方、大功告成。以下列舉出七個「最後問候」的失敗例子。

❶以抓頭掩飾害羞 → ❶給人「消極」、「怯懦」的負面形象。

❷吐舌頭 → ❷讓人有「不像樣」、「開玩笑」的輕浮印象。

❸用很小的聲音結束演講 → ❸給人「不願正面談話」、「逃避」的形象。

❹一邊做最後收尾，一邊離開講台

→ ❹有種匆忙焦躁、不穩重的印象（左圖）。

❺稍微點頭致意當作收場

→ ❺產生失禮、草率、粗糙的形象。

❻用大音量結束演講

→ ❻不僅嚇到聽眾，更會使人產生厭惡感。

❼把手插在口袋裡

→ ❼看起來自以為是，把聽眾當傻子的感覺，這是非常不合禮儀的舉動。

**解說**

你有沒有做過這些行為舉止呢？這些錯誤，都是很多人一不留意，就會犯下的小問題。以後在進行「最後問候」時，請多多留心右側這七個項目。

●有些人會在演講完時，一邊做收尾、一邊離開講台。請務必完全結束後再行離開。

LESSON 4

# 自我介紹時請說「全名」

在自我介紹的時候，大部分的人都沒有報上「全名」的習慣。其實，報上「全名」可以產生以下兩種效果。

第一，**透過全名介紹，可讓聽眾與演講者找到「交集點、共通點」**。就算姓氏沒有交集，但若介紹到名字，就有不少人會發現「和我一樣的名字！」「跟我用一樣的字」這樣，瞬間找出相似或共通點。這樣，就能進一步找出雙方的交集處。由此，聽眾將對講者產生「親近感」，更能對他所說的內容持有興趣或關注。

第二，**真正進入演講主題前報上全名，可以緩和情緒**。

把「敏捷」倒過來唸，
「捷敏」就是我的名字。
是「敏捷」先生嗎……


●用「容易搞混的唸法」來自我介紹，常會造成對方混亂，請多加注意。

彷彿一個接一個地單獨與聽眾談話，將目光朝向聽眾、穩重且清晰地報上自己的全名，這樣能使情緒冷靜下來，並減輕緊張程度。

最後，在進入主題之前，以「開場問候」開始，再穩重且清晰地報出自己的全名，這對聽眾而言，是思考「他會帶來什麼內容？」「不知道這位講者是怎樣的人？」的時間，進而對接下來的演講產生興趣，更能豎起耳朵，專心聽講。

因此，請各位務必嘗試讓自己的全名介紹更精采。

### 菜市場名字與罕見名字

曾經遇過有人這樣說：「我的姓氏很罕見難讀，以前別人都記不太起來。但是結婚後冠了夫姓，大家變得能馬上記住我的名字，讓我很高興。」同樣的姓氏，有的人會覺得「太簡單乏味」，也有人會覺得「別人可以記住很開心！」不知道你是屬於那一種呢？

練習

## 增強名字給人的印象的技巧

當我們用「全名」自我介紹時，透過「字的說明」（使用那個字、怎麼讀等），可以得到很好的效果。請嘗試加入「字的說明」來介紹以下四組名字。

❶ 安田英夫

安田這個名字，可以用「安靜的稻田」來說明，這樣就會讓人印象很深刻。

❷ 田中一

這組名字可以著重在中文字左右平衡且對稱的特點上。說不定父母取名字時，就是期待小孩「未來成長為平衡穩重的大人」。

❸ 宇野多一

這個名字可以用「在多數人中成為第一」來做說明。

❹ 櫻井弘

這是作者的名字。左邊是作者演講時常用的自我介紹，不妨參考看看。

櫻井的櫻，就是日本的國花，櫻花；井是水井的井；弘則是弓ㄙ弘。在我學生時代時，算命師替我算過名字，那時候他說「櫻」要用繁體字的「櫻」比較好，因此出社會後，我也一直使用繁體的「櫻」。不妨用以下方法，來說明「櫻」這個字：「叫著『寶貝、寶貝』的女生站在樹下」，相信會生動許多。

LESSON 5

# 提升「外在印象」給人好感覺

人與人之間的溝通，「外在印象」往往造成很大的影響。在美國教育裡，小學生就開始進行說話演講的訓練，而美國人也認為在溝通上，最有影響力的是「外在印象」。**和美國人比起來，對於較少在溝通時，以細微的言語差距來區隔的亞洲人而言，「外在印象」更會產生巨大的影響力。**

特別是當講者及聽眾雙方身分或立場不同，很容易在詞彙的使用上加以謹慎控制，但對「外在印象」卻有種過度反應之傾向。舉例來說，一名醫生邊看患者的病歷，邊把脖子歪向一邊。這時，病患的不安應該會大大增加——即使這名

### 麥拉賓法則

美國心理學家麥拉賓（Albert Mehrabian）提出「麥拉賓法則」，認為「態度」或「表情」等眼睛所接收到的資訊，占聽眾印象的55%，聲音大小、語調等「耳朵所接收到的資訊」占38%，而「談話內容」，也就是「語言的資訊」只占7%。

醫生只是剛好因為肩膀痠了，扭動一下脖子。

或者是和上司商量事情，中途上司若三不五時看著手錶，你會怎麼想？以部下的立場而言，應該就會擔心「長官一定有什麼重要事情」或「是不是差不多該結束對話了……」等疑慮。

為了不要給予聽者不必要的不安感及擔心，在說話的時候請務必仔細意識到「外在印象」所帶來的影響力。

我真是善於傾聽部下的上司呢～
為什麼雙手抱胸？是不是快生氣了？
總覺得有股壓迫感……

●雙手抱胸來聆聽的上司，給部下不必要的壓迫感。

⬇檢查項目

## 檢查自己給人的外在印象

試著站在家人或朋友面前，進行簡單的演講練習，並將左邊的檢查表遞給他們，請他們幫你檢查各個項目，以達成全部為目標，並盡可能至少一週挑戰一次。

❶ 談話進行中依然保持笑容 □

❷ 沒有給人自以為是或缺乏動力的感覺 □

❸ 挺直背脊 □

詳細解說

❶ 若總是露出沒有變化的撲克臉，或好像生氣的表情，聽眾不可能對你產生親近感。為了使聽眾更加投入，請試著帶著笑容進行演說，只要稍微揚起嘴角，就能有很好的效果。

❸ 請試著在肚臍往上十公分左右的背部處使力，伸直背部肌肉。

❹看著對方的眼睛 □

❺身體沒有搖來晃去 □

❻雙手沒有放在背後 □

❼頭髮有經過仔細整理 □

❽不以稍息的姿勢站立 □

❾全身服儀乾淨整潔、白襯衫上沒有髒汙或皺褶 □

❿詞彙簡潔，動作上沒有使人不舒服的小習慣 □

❹眼睛東張西望、視線飄忽，或是光看著天花板或地板等極力擺脫聽眾的視線，會讓人看起來很沒有自信。

❻雙手自然垂放在身體兩側，這樣的「自然狀態」是最基本的。若是雙手交疊放在身體正面方，請記得併攏手指。若是將手插入口袋、十指互相交叉握住，或把手放在背後等，則會給聽眾拘束死板的印象。

LESSON 6

# 豐富的表情能為溝通加分

在前一節提到，外在印象很重要，而影響外在印象最深的，就是我們的表情。在生活中的溝通場合，我們的情緒也會明顯受到對方表情的影響。

我曾聽別人說：「日本人的表情很不豐富。」的確，日本人表情的貧乏，就連同樣是日本人的我，在研習會上也這麼認為。不妨把表情比喻成跟歐美人士談話時的「英文單字」一樣。**要是不懂得英文單字，就無法跟歐美人士對話；相同地，談話時若不帶點表情，那「親切」及「和善」便無法傳達給對方。**

### 利用鏡子訓練表情

為了確實掌握自己平時的表情和笑容有何不同，請盡量多照鏡子，將之培養成習慣。若照鏡子時有充足時間，可搭配左圖的表情訓練來練習。

想要透過言語傳達自己的心情時，必須要有與該情緒相符的表情。**若心靈沒有達成溝通交流，稱不上擁有說話的技術**。根據不同語句而表現適切的表情，進行使自己表情更加豐富的訓練，可以提升溝通的功效。

關於表情，還有一點希望大家能記住，就是說話者及聽眾面對面談話時，無法看到「自己的臉」，所以，我們要盡可能多「意識」到自己談話時的「表情」——這是一般人很少留意到的「盲點」。

用手按摩臉頰
使其放鬆柔和
抬起眉毛
（能緩和臉部
整體表情）
嘴巴周圍
有許多肌肉，
做些運動來放鬆它們！
嘴角上揚
（嘴角下垂給
人負面印象）

訓練法

# 使表情更加豐富的訓練

豐富的表情，是擁有精采溝通的「大前提」，來試試看以下誰都可輕鬆進行的表情訓練方法。

❶

將筷子銜在嘴裡一分鐘，
你會發現這是微笑時的嘴型。

❷

重複練習發出「啊——」、
「咿——」，活動你的下顎。

**解說**

笑容，是因為嘴巴兩端的「嘴角」上揚。一般來說，嘴角會根據年齡增加而下垂。為了防止下垂，平時就必須進行訓練。像是訓練❶

❸

用手幫臉部按摩。

❹

讓眉毛上下、臉頰上下左右運動。

的「銜筷子」訓練，對提升嘴角非常有效。訓練時記得照鏡子，就能注意到銜住筷子時的嘴型，正是微笑的嘴型。此外，在與人談話時，請保持上下方牙齒併攏，緩和嘴型。

●此外，「眼睛」及「臉部整體肌肉」的動作也是訓練重點。據說成為美國總統的條件中，有一項是「站在大眾面前時能浮現笑容」，這一點實在讓人拍案叫絕！

LESSON 7

# 抓出與聽眾之間最適距離

演講剛開始時，講者常常會因為太過投入於內容，而忘記將目光轉向聽眾，進而沒有意識到自己在對方眼裡，看起來是什麼樣子。因此，有時候可能會出現講者給聽眾不穩重的印象，而自己卻渾然不覺。

舉例來說，若講者被許多聽眾圍繞著，他在談話時就不得不因為兩旁的人靠近他，而只好扭轉身子來防止推擠——這就給聽眾有種拘束、不自在的印象。為了防止這種事情發生，演講時必須隨時注意雙方之間的適當距離。此外，雙方之間的距離，在心理上也會給聽眾產生很大的影響。

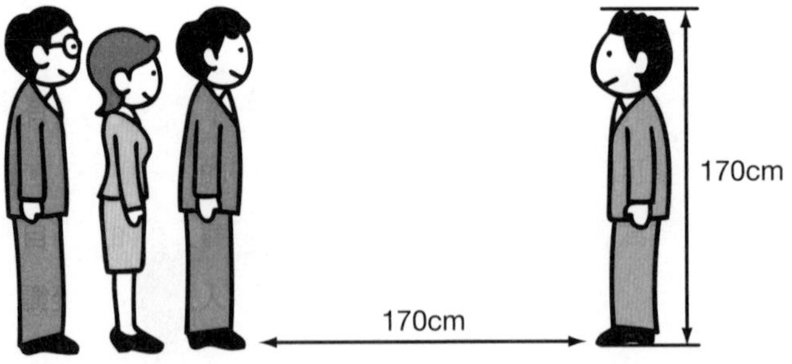


●若是演講的場合，至少要跟聽眾保持與自己身高一樣的距離。

因此，希望各位注意的一點是：**考量自己「身材大小」及「身高」，來決定與對方的距離**。身材高大的人若站在眼前的位置說話，會給聽眾造成壓力；身材較嬌小的人若離聽眾太遠，看起來則有種缺乏自信的感覺。

所以建議演講開始時，先站在稍遠處，再往前半步或一步，根據自己的體型來調整適當的距離後，再開始演講。

●若能拉出自己身高的距離，即使只轉動脖子而不移動身體，視線也能完全觸及聽眾。
形成一個三角形

LESSON 8

# 談話要用「間隔」來區分段落

在我長年進行說話技巧研習會的經驗中，九成以上的人在開始說話時，都沒有在每一個新的段落之間稍微停頓，做出「間隔」。

前述「三明治法」中，分為「問候」▼「介紹全名」▼「內容說明」▼「再次確認全名」▼「問候」五個階段，**每個階段之間必須仔細保持「間隔」**。

為什麼需要這個「間隔」？接下來我用「問候」到「內容」的階段為例子來解釋。

首先，講者以「各位聽眾大家好！」做為「問候」的開

●三明治法的精華在於「區隔」。

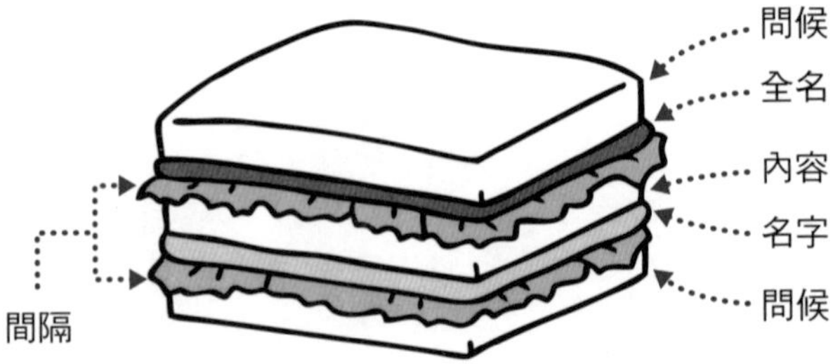

場。此時，聽眾應當會回應「好！」為了要確實接住來自聽眾的回應，自然就需要「間隔」。在下一步緩慢且仔細地報上自己的「全名」時，講者應該將臉部朝向聽眾。而若能在這裡做出「間隔」停頓幾秒，聽眾就會想：「這位講者不知道是怎樣的人呢？」進而開始抱持著興趣及關心。

若能在聽眾興致盎然的狀態下開始演講，就能使聽眾更容易對談話內容有好感。就像這樣，**「間隔」扮演著使談話更加確實、更加豐富的角色**。而在這當中，又屬「談話開始前的間隔」最為重要。

如果在段落與段落之中，能確實做出「間隔」，不僅能獲得聽眾的配合，更能製造出讓對方仔細聽你說話的情境，使後續演講的進展更加順暢。

### 這樣的人，在談話中請騰出「間隔」

「講話快的人」「感情取向的人」「話很多的人」，這三種類型的人，若能在說話途中騰出間隔，必定會使說話加分。在法國，人們將「說話說到一半，突然陷入安靜的狀態」稱為是「有天使飛過」的狀態，大家反而能享受這片刻的沉默。因此，不要畏懼沉默！

練習

## 在每個段落做出「間隔」的方法

若想使談話順利進行，確實掌握段落之間的「間隔」非常重要。

**❶確實站好**

挺直背部，像是從地底下「發芽生根」般姿勢站好。這樣可將目光投射於全體聽眾，以觀察全員情勢。

**❷站穩腳步**

講者挺直背脊不僅可增加能見度，也使聲音確實傳遞給聽眾，並給人正當的印象。

挺直背脊
將身體重心放在腳跟


**❸闔上嘴巴**

闔上嘴巴就無法發聲，此動作可製造出「間隔」。

**❹鼻子呼吸**

闔上嘴巴的時候，可以透過鼻子呼吸，讓身體充滿足夠的氧氣。

嘴角不要呈現「八」字
調整自己的情緒

第 **2** 章

# 有趣的人都懂這五個非語言技巧

▶▶ 讓人覺得「談話內容真有趣」的人，並不只是擁有許多聊天話題，或是演講的結構高明，更是在這之外，他們掌握到的大多是「不管什麼內容，都能引起聽眾興趣」的技術。

LESSON 9

# 用「腹式呼吸」改變說話方式

人類能夠活下來，最重要且絕不可缺乏的事，就是「呼吸」。然而，很多人都不太留意自己的「呼吸」。

舉例來說，大家知不知道自己一天的呼吸次數呢？我提出以下數字，僅供參考：一般來說，若以「將空氣吸入再吐出的次數」作為一回，處於安靜狀態的人，平均呼吸次數大約是一分鐘十五回。

當然這個數字會因人而異，我也曾聽聞人們因為「壓力」，呼吸次數增加。

事實上，增加對呼吸的關心，對學習說話技巧非常有

**檢查自己的換氣**

❶大聲朗讀刊載於報章上的社論等短文，並錄音。

幫助。聽別人演講，若發現對方時常出現**「欸……」「那個……」等口頭禪，或是因為談話較長導致口渴、使講者越發緊張的現象，都是因為呼吸方法上出了問題**。只要掌握正確的呼吸方法，就可以防止口頭禪或上述現象的發生。

因此，希望各位學習「腹式呼吸」，只要學起來，**可以抓住說話時，應該在那個點呼吸、到什麼長度該換氣，「說話技巧」即可有飛躍式的進步**。

❷播放錄音檔，檢查自己換氣長度是否自然、時機是否奇怪，或是否出現「欸……」、「那個……」等語句。

訓練法

## 四步驟掌握腹式呼吸

不管在家中或公司，請利用空閒或休息時間，隨時隨地進行腹式呼吸的訓練吧！

❶

挺直背部、放鬆肩膀力量、雙腳穩穩地站好。

❷

牙齒併攏，發出類似「嘶——」的聲音，用口吐出積存於胸中的空氣。

❸

全部吐完之後，闔上嘴巴，用大約五秒的時間，從鼻子緩緩吸進空氣。此時若腹部突出，便是成功運用「腹式呼吸」的證明。

❹

接著憋氣約兩秒，按壓下腹的「丹田」部位，再用約六秒時間緩緩將空氣吐出作為標準。吐氣時，「橫膈膜」應該會略為往上抬升。

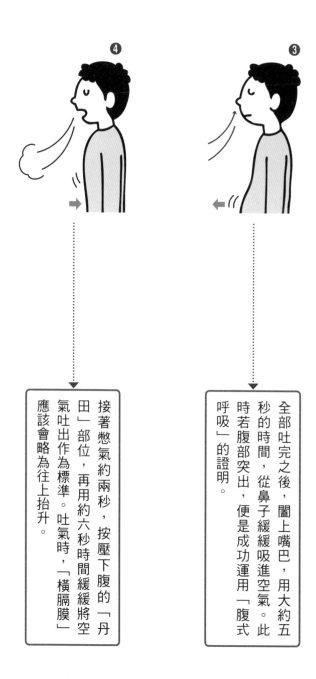

LESSON 10

# 聽眾都希望講者「看著自己」

所謂「眼神接觸」，就是指「眼神互相交會進行對話」。在和別人說話時，眼神的接觸有極大功效。

然而，當我們在「演講」或「報告」時，很容易因為被聽眾注視、進而意識到「我現在被人家盯著」，導致情緒太過激動，忘記要看著對方眼神——我想，這應該是讓人覺得眼神接觸很困難的原因之一。

一對一的談話，我們都很可能因為看著對方的眼睛，而感到害羞不自在，使談話過程變得非常困難，更何況在一堆人面前進行演講或報告時，有許多人對這種場面感到畏懼。

## 兩種眼神接觸的例子

●不良例子

**機關槍型**

好像有注視著全體，但其實眼神沒有接觸任何人。

就連對從學生時代就接受演講訓練的歐美人士而言，最可怕的事情之一也包含了和一大群人進行目光接觸。

可是，若不留心眼神接觸，聽眾可能就會看到講者一下眼神朝下、一下往上看天花板，眼神轉來轉去，給人非常不穩重的印象。

雖然明知道「眼神接觸非做不可」，卻就是做不到，這真的是很令人煩惱的事情。但我希望各位能記住，**聽眾當中必定有人是對講者帶有「好意」的。因此，就當作要和這些善意的聽眾進行溝通交流，鼓起勇氣，嘗試練習眼神接觸。**

●良好例子

**步槍型**

對每個人進行三秒左右的眼神接觸，並以句子為區隔來改變視線。

⬇檢查項目

## 這樣的眼神接觸可不行！

你成功了嗎？談話時的眼神接觸，其實很容易被忽略。接下來將列舉十項「眼神接觸」的不良例子。

❶不小心就盯著天花板或地面 □

❷眼神轉來轉去、不穩定 □

❸只對特定聽眾有長時間的眼神接觸 □

詳細解說

❶ 會這樣做的人，說不定是覺得「猛盯著對方看好像很失禮」，但若站在對方立場思想，你會有什麼感覺？其實聽眾都希望「講者能看著自己」。

❹機械式地從頭照順序進行眼神接觸 □

❺當和別人眼神交會時就把眼睛閉上 □

❻摘掉眼鏡，讓自己看不清楚 □

❼眼神好像在瞪別人 □

❽以同樣的節奏來轉動脖子，進行眼神接觸 □

❾邊抬著下巴，邊與聽眾眼神接觸 □

❿一邊眨眼、一邊眼神接觸 □

❹這樣就失去眼神接觸的意義。正確步驟為演講開始前，瀏覽全體一次。接著從容易對上眼神的人開始，視線交會時先暫停一會，再移向下一位聽眾。把握談話段落中的「間隔」，將視線再次望向全體。

❿這樣的人若想改善這個現象，可以試著在捷運進行眼神接觸的訓練，就是走在捷運車廂裡時，假設要計算人數般，一個個看向坐在位置上的人。

LESSON 11

# 正確發聲，就能影響談話氣氛

人與人在溝通時，**若說話者的「聲音」讓人聽不清楚，那不管談話內容多麼精采、講者人品多麼優秀，聽眾都會感到煩躁不已**。

有的人在講話講到一半時，常被對方說：「我聽不到你說什麼！」或「蛤？什麼？」這種情況大部分是因為聲音太小，可能是說話的人對內容沒有自信，或跟自己不太擅長應付的人進行對話。就算聲音很大，但若舌頭不靈光也不容易讓人聽懂。

因此，為了使談話順暢進行，如何發聲是一個非常關鍵

**讓他人對你洗耳恭聽的必需要素**

❶內容
帶有內容的談話，是最重要的因素

❷感情
帶有想表達、想傳遞的感情，也非常重要

❸聲音
聲音大小及發音咬字務必清楚

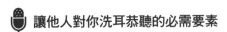

的重點。一般而言，我們每天都在跟人說話，也就是每天都在「發聲」，但一旦被問到「要怎麼進行發聲」時，應該都會感到疑惑而不知如何回答，甚至對「正確的發聲方法」或「有那些因素對發出聲音很重要？」等事情完全沒有概念。

但若留意那些因興趣或工作從事頻繁活用聲音的表演者或播報員，例如合唱、民謠、吟詩、歌劇、相聲等，他們都會穩扎穩打地做好「發聲練習」，而這些練習都是有意識地為了「發出清楚、響亮聲音」所做的訓練。各位不妨邊參考這些人的說話方式，邊學習如何掌握最恰當的發聲方法。

●利用卡拉OK，也能進行發聲訓練

訓練法

## 「能傳遞給對方的聲音」的訓練

這裡將介紹幾個在日常生活中，就可以簡單落實的發聲訓練。

### 一、烏鴉訓練法

❶確實闔上嘴巴，從鼻子吸進大量空氣。

❷以烏鴉「啊！啊！」的叫音，試著發出能把吸入空氣全部吐出來的音量。

❸發聲結束後，再次闔上嘴巴，並以鼻子呼吸。接著多次重複練習❶～❸的步驟。

透過重覆練習發出烏鴉「啊！啊！」的叫音，可以掌握「闔上嘴巴」及「以鼻子吸氣」的方法。若能緩慢進行練習，空氣應當是容易吸入，不太會有難受的感覺。

## 二、訓練聲音有抑揚頓挫

藉由快速呼吸，可以訓練語調有抑揚頓挫。

❶發出聲音前先闔上嘴巴、用鼻子大量吸入空氣。

❷將吸入的空氣一次全吐出來。

❸吐氣的同時闔上嘴巴，並快速從鼻子吸入空氣，接著發出鏗鏘有力的「啊！」一聲，再闔上嘴巴。這個「啊！」要像是突然想起某件快要忘記的事情時的聲音。

LESSON 12

# 會說話之前，要先學會傾聽

「早！」賈先生一大早進公司時，跟長官打了招呼，卻沒有得到回應，只好摸摸鼻子回到自己的位置。假設你就是那位賈先生，你內心會有什麼感受呢？

跟對方搭話卻被「無視」、不看著自己的臉來說話，或者是用親切的聲音打了招呼，卻得到冷淡的回應，這樣的說話方式無法讓人產生好感。相反的，只要視線確實地看向對方，講者就會給人「他有在聽我說話！」的「安心感」。

接著，聽眾再以「你說那個〇〇喔！」等方式，重覆說話方的內容，可以使「說」和「聽」的交互過程更加充實，

### 聽不下去對方說話的內容時……

**❶一聽到內容就想睡覺、腦袋變得昏昏沉沉**

設法找出與自己的共同點，對於不自在的部分，別太在意。

**❷對內容沒興趣，實在聽不下去**

聽話方式代表一個人的器度，請從對方的談話中學習，藉此擴大自己的「器度」。

讓講者帶有「滿足感」地進行談話。**事實上，擅長說話的人都是「擅於傾聽」的專家，幾乎沒有例外。**若是無法仔細聽對方的談話，就無法了解「對方到底想要說什麼」。

因此，先學會如何傾聽對方，才能成為會說話的人。這是「高明的說話技術」，請好好地理解、學習及掌握。

● 在這個情況下，應該看得出來對方無法繼續進行對話了。
想要擅於說話，要先從仔細傾聽開始。

練習

## 傾聽力的訓練

要如何傾聽，才能給對方良好的印象？以下的角色扮演練習，可以幫助大家！

### Ⓐ消極式傾聽

請先找一位熟識的朋友並面對面，其中一方扮演「講者」、另一方扮演「聽眾」。講者可用任何話題來與聽眾對談，此時聽眾請用下面的「最糟傾聽法」來回應講者。

談話告一段落後，雙方角色互換，並再次進行同樣的練習。兩人皆完成此過程後，請互相發表出擔任講者的「感受」。這時，大部分的人應該都會覺得「不看我這邊、而且

**最糟傾聽法**

❶聽眾絕對不要看說話方的「眼睛」。

❷聽眾絕對不要「點頭」或「附和」。

❸聽眾完全不表示意見或疑問，且任何話都不要說。

也沒有反應，不曉得要說什麼才好，感到不知所措。」

### Ⓑ積極式傾聽

這次請使用下列「符合禮節傾聽法」來練習。完成這個練習的講者，其感想一言以蔽之就是充滿了「安心感」。這是因為聽眾面向講者，使講者能用自己的「眼睛」確實感受到「他正看著我！」或「他有點頭附和我！」

### Ⓒ互動式傾聽

理解對方情緒感覺的傾聽法，稱為「互動式傾聽」，具體方式下列詳述：

請絕對不要在傾聽時，有訂正對方語句的情況出現。**即使對方明顯「說錯了」，也「照著錯誤」重覆講者的話，是一大重點**。

> **符合禮節傾聽法**
>
> ❶以三十秒左右的時間「平靜地」看向講者。
> ❷利用「點頭」或「附和」等動作來表示回應。
> ❸不要對講者表示任何意見或疑問。

> **互動式傾聽法**
>
> ❶從頭到尾完整地聽對方說話，且不在中途打斷。
> ❷看向講者的眼睛，仔細聽對方說話，並點頭回應。
> ❸一邊點頭、一邊在適當時機，插入「表示同感的附

若能順利掌握「互動式傾聽法」，一定能讓講者體驗到「滿足感」。因為講者能透過「聽眾重覆了我說過的話、有確認我講的內容」，來獲得滿足感。

和語句」。
❹將對方的「關鍵字」如實地複述一遍。

❶從頭到尾完整地聽對方說話

❷看向講者的眼睛，仔細聆聽對方說話並點頭

❸加入「表示同感的附和語句」

❹重覆對方的「關鍵字」

LESSON 13

# 問問題，對方就不再自說自話

想成為高明的聽眾，只要拚命聽對方說話就可以了嗎？答案是錯的！**對講者而言，若聽眾只有點頭、回應「嗯嗯」，應該會讓人講得很沒勁。**

但是，若聽眾是個「善於傾聽」之人，講者可能會因為能愉快地進行對話，卻不知不覺陷入自己的世界，導致內容變得抽象，或突然插入困難術語的情況。

這時，若聽者能在談話流程中的「矛盾點」、「話題連接的不確定性」、「關聯性」等，加以確認並表達疑問，能使「說」和「聽」的互動更加活絡。**稍微表示一些疑問**，可

●請注意這種自說自話的狀況

以讓這樣的講者「情緒」冷靜下來。

所謂的「疑問」，不是要拿來否定陷入迷途的講者，而是要讓他自己察覺到情況的一種方法。

當講者慌慌張張、自說自話，導致內容難以理解時，通常最麻煩的就是當事人沒有注意到自己這種情況。因此，若聽眾感受到「講者沒有很完整地表現出他想說的話」時，可以試著幫忙「代辯」講者的心情。透過這樣的表現，可以使雙方的溝通更加豐富且具有正確性。

練習

## 掌握七種提問方法，成為傾聽專家

成為傾聽專家的捷徑，就是先成為擅於發問的聽眾。為了成為提問大師，請務必學習以下介紹的七種提問方法。

### ❶確認式問題

甲：「請問那個演奏會的會館要怎麼去？」

乙：「從捷運松山線的小巨蛋站下車後，四號出口出來左邊就是。」

甲：「捷運松山線的小巨蛋站四號出口對吧？」

詳細解說

❶ 「那個○○對吧？」照著對方所說的，並重複「關鍵字」來確認內容。特別是當對方說錯時，依照錯誤再次覆述，這樣，講者就會注意到自己內容錯誤。

## ❷引導・試探式問題

甲：「談過話跟沒談過話的人，那一邊會留下比較深刻的印象？」

乙：「基本上應該是有說過話的人。」

甲：「你自己平常是主動談話的人嗎？還是不太這樣做呢？」

❷
「○○跟△△你會選那一個呢？」透過類似的問題，讓對方選擇並試探之，使談話導向自己希望的方向。

## ❸捲入型問題

甲：「即使在一對一對話時不會緊張，那若在一群人的面前呢？會感到緊張？還是完全不會？你會嗎？那你呢？」

乙：「我是會緊張的類型！」
「我也是！」

❸
根據問題，讓聽眾參與自己的內容，這是有多數聽眾常被使用的提問方式。

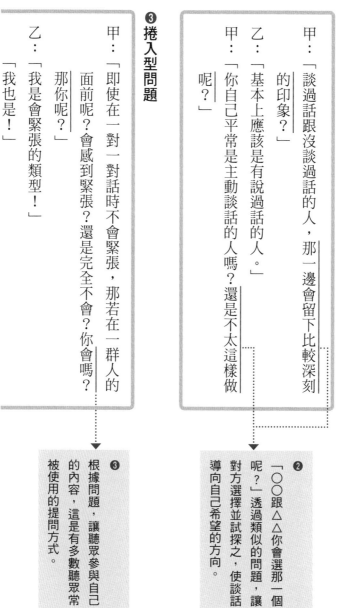

「我也一樣……」

甲：「為什麼會感到緊張？其實緊張這件事……」

**❹具體化問題**

乙：「那裡聚集了很多人，所以空氣不流通、悶熱不已。」

甲：「很多大概是指多少人呢？大概是那個年齡層的人呢？」

乙：「有一千人以上，幾乎都是二十歲出頭的人！」

甲：「原來如此。二十歲出頭的年輕人有一千人以上……」

❹ 透過問題，使對方說話內容中抽象的部分，縮小至具體範圍內。可用在說話方式比較抽象的講者身上。

**❺內容簡易化問題**

乙：「所謂收視率的測量基準，其實比大家想的還單純……」

甲：「若用身邊的東西來比喻，大概會是什麼情形呢？」

乙：「這個嘛……就好像是要製作數百人份湯品時，會先盛小碗的湯讓他人試喝味道。剛剛說的測量基準，就類似這個試喝的小碗湯。」

甲：「原來如此！我懂了！」

❺ 透過問題，使特殊的內容表現得更為簡易，讓聽眾覺得平易近人。

**❻正面切入的提案型問題**

乙：「上司說我工作速度很慢……」

甲：「我覺得那不是慢，應該是你講求精準性！」

❻ 很多情況乍看是負面的，但若從肯定的視角來切入提問，就能看到其實有正面性的訊息。

乙：「對啊！我比誰都更加講究精準，並且確實完成工作！」

**❼改變立場式問題**

乙：「〇〇的情況下，客人都會一直自顧自地說出那種話！」
甲：「假若你是客戶，在那個情況下你會怎麼想？」
乙：「假如我是客戶喔，我可能也會說出一樣的話吧……」

❼ 藉由問題，促使對方改變立場，這可以讓對方注意到，立場的改變會影響人對事情的看法。

# 第 3 章

# 讓人稱讚你「超有趣！」〔基礎篇〕

▶▶ 談話內容到底應該如何準備才好？本章集結了任何場面狀況都能自在應付的基礎技巧。

LESSON 14

# 一切對話始於「談話對象」

常有人這麼說：「一對一的談話對我來說不是問題，但在眾多人面前演講或報告我就很不拿手。」

請注意，有時候說「一對一談話是拿手項目」的人，其實並沒有和聽他說話的人在「對話」，更多只是自顧自地「說自己的話」。

為什麼我們需要預備「說話的技巧」？這是因為談話時是「有對象的」。**「有對方能建構談話」**，因此在思考**「說話技巧」時，「對方的存在」是整個談話的根基**。若是不準備就進行談話，代表講者沒有考慮「說話對象是誰」。然

## 聽眾不是馬鈴薯

有人會說：「在一大群人面前說話時，就把聽眾當成馬鈴薯。」這麼做，的確可以減輕緊張的心情，但也可能會出現「就算自己說的沒人聽懂也沒關係」的敷衍心態。身為講者，應該要意識到「聽眾是人」這件事的重要性！

而，對對方的重視程度，將大大影響說話「效果」。

這裡提到的「準備」，將其分成兩大類來思考。第一種是在許多人面前進行「演講」或「報告」；第二種則是「對話」或「閒聊」的形式。

前者當然務必做好「內容準備」；但後者卻常讓人感到「不知從何開始準備」。即便如此，也能透過「內容準備的經驗累積」，使對話或閒聊更加順暢、有趣。

### 使用簡報時別忘了聽眾存在

在職場上，使用簡報的機會相當頻繁。擅長製作簡報的上班族，可以為演講增添許多魅力，若是能大量使用圖表，整體表現就更加豐富。可是，有的人卻因為過於投入投影片的製作，結果忘記聽眾的存在。請各位回歸初衷，想想看使用簡報一開始的目的，到底是什麼，這樣才不會本末倒置。

案例研討

## 若沒有聽眾，對話就不成「對」話

我們透過實際情境來了解：沒有考量聽眾狀態的談話，談話結果會與講者原先的意圖有很大落差。

詳細解說

〔情境〕

在一個梅雨季的日子，就在我從車站下車後，發現自己沒有帶傘，此時天空竟然開始下起傾盆大雨。幸運地共乘上一輛計程車，坐上後座時，另一位客人就邊用手帕擦著褲管，邊開始向司機說話。

❶ 當講者跟聽眾立場不同時，常會不小心出現沒有考量對方狀態、自說自話的情況。就如同父母與孩子、上司與部屬、醫生與患者等關係，若沒有仔細掌握彼此立場差異後再對話，那說話的目的，是無法順利達成。

「唉呀！這雨下得可真大呢！」然而，司機卻沒有任何回應。客人感到詫異，抬起頭來看，才發現是怎麼一回事。原來，計程車把車子停靠在人行道旁，且正前方停了一台大型卡車，因此計程車得先倒車，再行駛往前。這時車子位在車站前方，人行道上因為下雨而撐傘或奔跑的行人很多。這對司機而言，是需要繃緊神經的情況。

❷ 如同這位客人，不管對方就開始說起話來、自我中心的人，他們完全不去注視對方的存在及狀況、或一點都不想體諒對方的心情。
相反地，會去考量對方狀態的高明講者，常常會有「不知道對方有沒有理解我的想法？」「對方是否懂我想說什麼？」的疑問，以對方為中心來考慮事情。

**解說**

這位乘客沒有意識到司機這位「對象」所處的情況，就逕自搭話，結果陷入尷尬窘況。因此，務必將「說話時是有對象的」這句話，記在腦海中。

LESSON 15

# 談話的效果由聽眾決定

「對話是有對象的」，而這個「對象」，就是「和自己截然不同的存在」。身為講者的「自己」和聽眾的「對象」，差異在於「對談話的理解方式」，這是絕對不能忘記的溝通「大原則」之一。

我將此原則稱為「聽眾決定權」，意即：「談話或溝通的效果，及目的的達成程度，由聽眾決定，而非講者！」但是，這個原則卻因為太過「理所當然」，我們反而**常忘記「對方理解事情的方式，和自己完全不同」。要是忘記這個原則，講者及聽眾雙方間的溝通，就會很難成立。**

### 見人說人話，見鬼說鬼話

俗話說：「見人說人話，見鬼說鬼話。」並非達成有效說話的最佳辦法，但了解對方背景，可是第一優先步驟。所謂「知己知彼，百戰不殆」，因此在分析聽眾時，不妨參考左頁列舉出的聽眾分析表進行。

我們應該要去「認識」及「理解」對方與自己是「不同的」個體，並且「尊重」他與自己不同。做到這一點，才算達到「說」與「聽」之間的溝通本質。

因此，在「對話是有對象」這個基礎上，要進一步掌握「對話效果由聽眾決定」的溝通大原則，方能開始準備「談話技巧」。

**聽眾分析表**

❶職業　❷年齡　❸性別　❹性格（傾向、職務）

❺人數　❻文化（公司風氣、特色）　❼知識・經歷

❽前後行程　❾演講場地資訊　❿地域性

⓫聽眾的一般傾向（易感到厭煩、親近感及警戒心強烈等）

案例研討

# 聽眾不會100％按照你所想的行動

很多時候，聽眾並不一定會根據講者想好的計畫來行動，如同左邊四格漫畫的情況一樣。

案例❶ 動作讓人誤解

## 詳細解說

❶ 公司的上司對年輕的女性部屬比出兩隻手指，原本想請她幫忙為客戶及自己泡兩杯茶，但是部屬可能會錯意，以為長官是對她比「耶」，所以也禮貌性地回了同樣的手勢。根據文化或國情不同，同一個動作，但意思可能有很大的差別。絕對要避免「自己的想法，應該有好好傳達給對方」的臆測。

案例❷ 雙方認知不同

❷ 這篇的主旨是「自己的認知≠對方的認知」。雖然大家一聽到「本名」，就會知道是在指全名，但也有些人，特別是已婚女士可能以為是「本來的名字」，但又不好意思問別人，因此彼此間的認知差異，導致聽眾自己定義、產生誤會。

**解說**

在日常「說」與「聽」的場合裡，經常出現右邊兩個案例的情況，但在說話的當下，通常都很難留意到這些問題。

LESSON 16

# 弄清楚談話目的，別亂說

相當令人意外，這一點也是不常被注意到的地方，但溝通是有「目的」的。因此，這部分要先介紹溝通所欲實現的「目的」種類，以及在達成目所需要進行的言語活動。

❶第一目的是**「培養良好的人際關係」**，也就是讓對方感到「親近」。

「問候」及「交談」並非只是表現禮貌，而是能使自己與對方的「連結」，意即「人際關係」更順暢、豐富。

❷第二目的是**「傳遞正確資訊給對方」**，這代表「知會訊息」及「讓對方了解特定事物」。

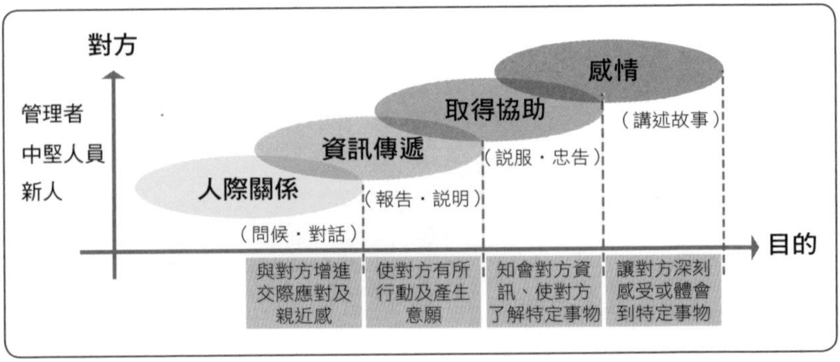
對方
管理者
中堅人員
新人
感情
（講述故事）
取得協助
（說服・忠告）
資訊傳遞
（報告・說明）
人際關係
（問候・對話）
目的
與對方增進交際應對及親近感
使對方有所行動及產生意願
知會對方資訊、使對方了解特定事物
讓對方深刻感受或體會到特定事物

要達成此目的，所需進行的是「報告」及「說明」。

❸第三目的是**「讓對方行動」**，意即「使人有所動作」及「從他人身上獲得協助」。

為了達成此目的，需要進行的言語活動是「說服」及「忠告」。說服與忠告不僅需要「說話技巧」，更包含「技巧以外的因素」，如人格或人性等。

❹第四目的是**「使對方感動」**，也就是訴諸於對方的「感情」。

實現此目的所需進行的言語活動，包括「說故事」或「陳述感動體驗」等。

### 談話目的會因對手不同而改變

在職場中，根據談話對象的差別，說話的目的也會有差異。請參考右頁圖表，對方若是新人，需「給予安心感、製造良好的人際關係」；對中堅分子則以「傳達正確資訊給對方」為主要目的；面對管理者時，「讓對方協助我」是重要的一點。

LESSON 17

# 談話目的❶ 培養良好人際關係

針對前篇所述四種溝通目的，每一個目的應該怎麼做，才能夠高效率地達到所希望的結果？在接下來的篇章，我們將一個個地探討及解釋。首先，第一個目的是「培養良好人際關係」。

以下是從一位六十多歲、經驗豐富的講師那裡聽到的經驗談。當他還只是一名新進員工，他被分配到的直屬上司，不幸地正是他「最討厭的類型」。當他愈是「覺得很討厭！」「好難應付的人！」他的內心愈是陷入封閉，結果最後變得無法接近該股長。

**和不擅長相處的人說話的重點**

**❶自己主動搭話**
若自己先行搭話，不僅可引導對方，也能在自己想要的時機點結束對話。

**❷完整聽完對方的話**
「至少他有把我的話都聽完」這件事，能幫助對方對你的印象加分。

**❸永遠保持笑容**
笑臉，擁有讓任何人都對你帶有好感的力量。

然而有一天，他突然轉念一想「再這樣下去不行」，應該想辦法和股長熟識，於是決定一點一滴地努力來改變情況。首先，他認真地和股長打招呼。本來股長只會隨便回應，以應付這位講師，後來也變成「您叫我嗎？」的積極態度進行應對。

隨著不斷有意識地重複這些行動後，他逐漸開始感受到「不愧是股長！做人很大器，工作的處理方法也很厲害！」這樣的過程，幫助他改變了對股長的感覺及看法。

**「覺得很討厭！」這個「先入觀念」，使他封閉起內心、無法與股長接近。但當他一改變心態，常向股長尋問、討論或報告自己工作上不懂的地方，他才有機會逐漸了解這名股長的「真正面貌」**。這位曾經是新人的講師，成功地達成「培養良好人際關係」的目的。

**❹向對方進行提問**

「提問」是「我對你有興趣」的表現方法之一。

**❺說出同意的附和語**

「原來如此」「是這樣喔！」等句子，能讓對方覺得「聽眾有接受我的說話內容」，是很有效果的技巧。

案例研討

## 「培養良好人際關係」的說話方式

想要達成「培養良好人際關係」這個目的，到底應該如何使用說話技巧呢？如果身處左邊的情況，你會怎麼處理？

業務員：「啊！是甲社的田中部長。」因為是重要交易往來的公司部長，不好好招呼可不行……。

業務員：「一直以來，承蒙您的關照！」第一次見面，所以覺得有點緊張……。

田中部長：「我其實也沒有特別關照啊……」田中部長冷冷地回了一句，然後把頭轉向另一邊。

業務員：「……」糟糕，這接下來要怎麼辦……。

**解說**

假如你就是這名業務員，接下來應該做出什麼反應呢？不妨嘗試看看接下來這樣正向的回答。

**「非常抱歉在您休息的時候打擾了！我想接下來應該會很需要部長的協助及關照，之後還請您多多指教！」**

人的反應有千千百百種，就算是自己覺得「計畫好的」「照公式說了」的句子及問候，對方也不一定會依照你所希望的來回應你。像部長說「我也沒有特別關照啊！」這種冷漠回應，有時候說不定是在「觀察」你，看看這個人接下來會怎麼做。

遇到這種場合，**要特別想起「別人不會照你所想的行動」這個觀念**，並且要「堅持下去、不要放棄」，找機會再次跟他搭話。這時需要的，便是為了「將關係連結起來」，而嘗試繼續對話的動作。

只要能像前述所舉出的例子般，積極正面地回應，並將名片遞交出去，大部分情況對方還是會收下你的名片，心裡說不定還會認為你「其實也滿能幹的」！

## LESSON 18

# 談話目的❷ 傳遞正確資訊

談話聊天的第二個目的，就是要「傳遞正確資訊給對方」。

人與人之間的溝通必須建立在「講者」及「聽眾」雙方上，講者對聽眾傳達「要求」或「請託」時，若聽眾聽了後卻對其置若罔聞，講者可能會產生「不信感」「不安感」或「恐懼感」，甚至嚴重一點也許會「激怒」對方。

如上所述，溝通中必須非常重視「互相讓彼此明瞭」這件事，而此時所需要的就是「報告的技巧」。**關於報告，請記住三大技巧：「沉默」「活力」及「應變」。**

**報告方法六要點**

**結**：先從結論及結果開始說。

**中**：工作執行中要記得回報。

**速**：速度要迅速流暢。

具體來說，沉默意指「透過掌握對方的反應，來確認自己是否已正確傳遞訊息」；活力代表「能確實傳達資訊給對方的聲音及表現方式」；應變則是指「對對象的變化及狀況，能柔軟應對的能力」。

請以此三大技巧為基礎，來學習具體的「報告方法」。報告方法請使用「結、中、速、備、簡、意」來做記憶。

**備**

聽眾若不在場，為其留下備忘錄。

**簡**

整理好內容，使報告簡潔有力。

**意**

意見及事實需分開報告。

案例研討

## 用電話說明工作時的陷阱

討論同一件事時，有人對情況感到很滿意、有人卻不知道為何生氣……，這都是因為沒有掌握好「讓對方理解」的說話方式，所產生的結果

**〔不良例子〕**

（市公所員工正用電話與一位年紀稍長的市民進行溝通）

住民：「不好意思，我想請教一下有關市公所舉辦的健康檢查的事情……」

員工：「您是說定期健康檢查對吧？沒問題。能冒昧請問您的年齡嗎？」

詳細解說

❶ 員工說「無法到市公所做定期健檢也沒關係」，本來後面還要解釋可以去找更靠近住家的地方做檢查，但這句話容易被比較心急的住民誤以為「六十五歲以上者無權接受檢查」。

住民：「嗯……六十五歲。」

員工：「六十五歲嗎？不好意思……其實年長者無法到市公所做定期健檢也沒關係，因為……」

住民：「你這話是什麼意思？我雖然不住在市中心，但每年都準時去做健檢！」

員工：「我的意思是說，年長者的部分其實……」

住民：「你是怎樣？從剛剛開始就一直年長者、年長者的，真的很失禮！算了！算了！」（掛斷）

❷ 另一個問題是員工一直使用「年長者」這三個字。雖然六十五歲以上的確可以被稱為「年長者」，但每個人對自己年齡的感覺不一樣。要是認為自己「還很年輕」的人，卻一直被稱為「年長者」，肯定感到不舒服。

**解說**

市公所員工本來要說：「制度上，六十五歲以上的民眾不必特意跑去市公所，只要到鄰近的醫院即可進行定期健康檢查。」原本是要向對方說明最大的好處，卻落得激怒對方的結果。在使用電話等無法看到對方表情的溝通型式進行說明時，應該開頭就針對聽眾最大利益做解釋。

LESSON 19

# 談話目的❸ 讓對方動起來

溝通的第三種目的是「讓對方行動」。**其實人若不被「認同」，就不會有實際「行動」。因此，若要使對方有所行動，必須透過種種方法贏得他的認同，接下來才能繼續進行下一步行動**。而為了達成此目的，我們該學習那些技巧？

接下來要介紹三種「邁向行動的步驟」，可以有效幫助講者達成此目標。第一步是要有「能夠喚起行動意願的基礎」，意思是為了使對方行動、使對方有立場願意協助你，必須培養與聽眾的「人際關係」。

第二步是將你希望對方做的「內容」，以正確、易懂地

**讓對方動起來的三步驟**

STEP 1
**培養「人際關係」**
❶從自己開始動作
❷利用對方的興趣或關心的事物

→

STEP 2
**說明能力**
❶好好理解自己要說的內容
❷掌握對方心裡所期待的事

方式說明，使他理解，目的是獲得「對方的認同」。這一步需要「讓聽眾理解」的「說明能力」。

第三步則是「喚起自動自發的意願」，也就是讓對方能夠自動自發為講者行動的步驟。

仔細踏穩前兩個步驟，是為了提供最後一步穩固的根基。因為對講者產生了信賴關係，且完全理解那些是該做的事情，聽眾才能產生意願，自發性地開始行動。請各位務必善用「說話技巧」，腳踏實地地把前兩個步驟確實完成。

**STEP 3**

**喚起自動自發的意願**

❶盡可能使用肯定詞彙

❷借助對方的「形象」來喚起他的意願

案例研討

## 「讓對方動起來」的說話方式

若能運用說話技巧，讓對方依照自己的意願行動，那不管在職場上，或是在各種不同的場合下，毫無疑問是一項絕佳武器。想想看，在以下的狀況中，你會如何說話呢？

❶

「都已經九點了還在睡！明明九點三十分就要出門了……」

※想叫醒還起不來的家人

❶ 「你知道現在幾點了嗎？」這句話大概只會得到「我知道啦！」的回嘴。不妨試著用溫和的語調問：「不知道現在幾點了呢？」對方可能會產生「啊！完蛋了！不趕快起來不行」的心情。

❷

「那傢伙又在混水摸魚、到處聊天了！真不知道該怎麼辦！」

※足球教練想使在打混的選手提起勁訓練

❸

「奇怪？忘記放在那兒了，真糟糕，這樣什麼都看不清楚。」

※忘記眼鏡放在那裡，希望妻子幫忙尋找

❹

「好多人在排隊喔……啊！那女的到底是怎樣，居然插隊！」

※想讓在車站購票隊伍中插隊的女高中生，注意到自己插隊

❷「你在摸什麼魚！」也許教練會想要這樣大罵一番，但在這種時候，聽說德國的足球教練會問選手：「**椅子可以借我一下嗎？**」或許這樣會使選手更能感受到「糟糕」的氣氛。

❸「喂！我的眼鏡跑那兒去了？」與其這樣問，不如使用「**不好意思，你知道我眼鏡在那兒嗎？**」會使對方的態度完全不一樣，後者當然更有機會，得到讓人滿意的回應。

❹這個高中生可能沒有意識到排隊隊伍，才會插隊。比起說：「喂！不要插隊！」不妨用「**妳看起來很急喔！**」來了解她的情況。這可是實際發生過的例子。

LESSON 20

# 談話目的❹ 使對方感動

要使對方開始行動，有時候「訴諸於感情」是必要的。人類是由「理性」與「感性」兩者相互構成，若只靠理性來驅動聽眾，有時候會稍嫌不足。

建構在理性的詞句，就是合情合理的話語，任誰聽了都會頻頻點頭表示贊同，並表示「你說的我懂」。但若動不動就把「毫無疑問」這句話掛在嘴邊，大部分的情況下也會讓對方產生「反感」的心情。要是說話內容井然有序，但使用「解說口吻」來講解，應該會使聽眾「睡意」滿滿。

相反地，若能使用訴諸於感情的文字來說明，聽眾又會

## 平凡但感人的故事

這是在某場研討會中聽到的小故事。主角是一位大學生，他的家距離所讀的大學，單程通車需要花費兩小時以上。由於被報告及實習工作緊追在後，體力上已經到了極限。

於是有一天，他向父母提出「我想一個人住」的要求，然而，雙親卻責罵「這跟之前約定好的不一樣！」「沒那個錢！」等，他反抗道：「隨便你們！」後就持續著一貫的執拗態度。

產生什麼樣的情緒呢？

總是率先親自示範、體貼關懷、富有責任感及人情味的上司，突然有一天對你說：「有件事不得不拜託你！」員工應該會在不知不覺中就答應了。

若是熱血好強又真誠的社長跟你表示「真的很抱歉」時，即使是討厭的事情，應該也會不自覺地就原諒對方。就像這些情況，人與人之間的溝通不只有理性，感性也扮演著重要的功能。

不只驅使對方的理性，還訴諸於感情的詞彙，這種說話方式，我稱之為「頭心說話術」——**先用理論方式說明內容，使其清楚、易懂，進入聽眾的「頭腦」裡，再搭配能深入對方「內心」的說話方式。只要完成這兩點，我們就可以獲得對方更多的協助。**

有一天，他因感冒病倒了。母親端著一碗粥過去給他時，他說了聲「謝謝」。此時，母親內心似乎想到：「我的兒子已經懂得如何感謝別人了。就算讓他一個人住，也能感到安心。」

而從兒子眼中看來，原本以為雙親只是一味地反對他，但其實是站在最客觀的立場、帶著愛來守護著他的人。

LESSON 21

# 準備講稿，反而更容易分心

大部分的人都會為了演講而準備講稿。寫下講稿的確可以幫助整理思緒，且藉由自己的雙眼，再看一次文字，並朗誦出來，更可以幫助「記憶」。

然而，寫講稿這個行為，其實隱藏了意想不到的「陷阱」，以下舉出準備講稿會產生的三大「缺點」。

**❶「很花時間！」**

一字一句絲毫不能出差錯地寫出講稿，自然就會因為準備內容，而耗費很多時間。

**❷「忘記和聽眾進行眼神接觸！」**

**演講談話準備方法**

從決定演講日程之後，到演講當天的準備重點。

❶仔細確認「對象」及「目的」。

❷實際發出聲音演練，並確認演講內容的排序。

演講時，因為要回想講稿內容而分心，可能導致無法將視線投向聽眾，做好眼神接觸。

**❸「忘記內容時會無法處理！」**

演講的過程中，往往會比想像的更加緊張。只要一發現自己偏離了講稿預設的說話節奏，或是和某一位聽眾的眼神對到後太過緊張，容易使腦袋變得「一片空白」，甚至想不出講稿內容，只能在台上愣住，大眼瞪小眼。

基於上述原因，我並不推薦「寫講稿準備」這個方法。那到底應該要如何準備才好？下一頁將介紹如何呈現出成效良好之演講的準備方法。

❸詢問身旁人的意見。

❹多次重複練習。

❺帶著自信上場。

訓練法

# 不寫講稿，而是製作重點備忘錄

如何可以在短時間內，高效率地準備演講內容？我推薦大家使用「重點備忘錄」來協助你的演講。

首先，準備一張四分之一A4大小的紙張。接著在❶～❹的位置，分別按照以下說明填入關鍵字（請參考左頁圖片）。

❶寫下「演講主題」，二十字以內，且越短越好。重點在於使用「精簡詞句」闡述主要內容的中心思想。

❷記下「支援主題的具體例子」。一般來說，自己的「經驗談」不僅容易說明，且深具說服力，很適合拿來當作例子。但根據演講內容，例子可能有所不同。

只要按照順序，用「標題」記下想分享的例子即可。演講時，看到標題的瞬間，就可立即掌握「接下來要說的是什麼」。標題必須容易看得懂，盡可能保持簡短有力。

● 應記錄在備忘錄上的內容

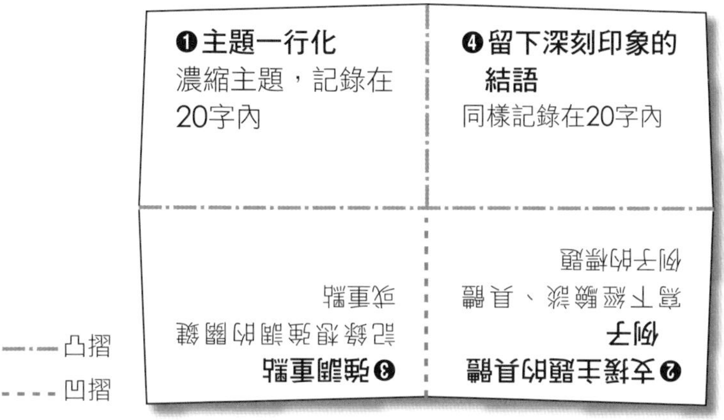
❶主題一行化
濃縮主題，記錄在20字內
❹留下深刻印象的結語
同樣記錄在20字內
❷支援主題的具體例子
寫下經驗談、具體例子的標題
❸強調重點
記錄想強調的關鍵或重點
凸摺
凹摺

❸填入「強調重點或內容高潮處」。若演講內容像說故事般，建議可以記錄下起承轉合中「轉」的內容，或是畫龍點睛的一句話等。

❹加入「留下深刻印象的結語」。不事先準備讓人「留下印象的結語」，當場是無法臨時想出來的。

看看那些擅長演說的人，常常會讓你覺得「他說的話迴盪在心中！」「最後那句話真的很好！」等，他們其實都在「看不見的地方」，準備好讓聽眾留下深刻印象的結語。

● 重點備忘錄的例子

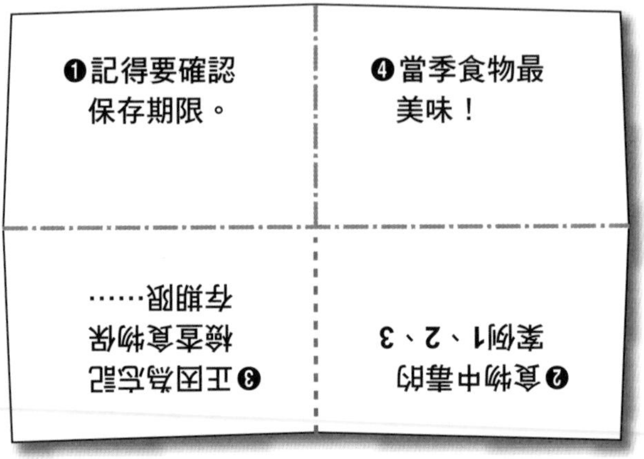
❶記得要確認
保存期限。
❹當季食物最
美味！
❷食物中毒的
案例1、2、3
❸正因為忘記
檢查食物保
存期限……

將此四點依照前頁圖片，以橫書書寫在便條紙上，並以文字朝外的方式對折，接著再對折一次，使❶的主題及❹留下深刻印象的結語出現在最外面。這樣即可完成製作這份「正面主題、背面結語」的重點備忘錄，因為紙張大小只有十六分之一A4，女性拿在手裡也很方便。

只要將這張「重點備忘錄」帶在手上，就能獲得安心感。即使萬一和某位聽眾對上眼，不小心忘了演講內容，也可以光明正大地看著備忘錄。透過這個小動作，可以幫助講者情緒冷靜、找回原本鎮定的心，並馬上想起接下來應該說什麼。

●摺法

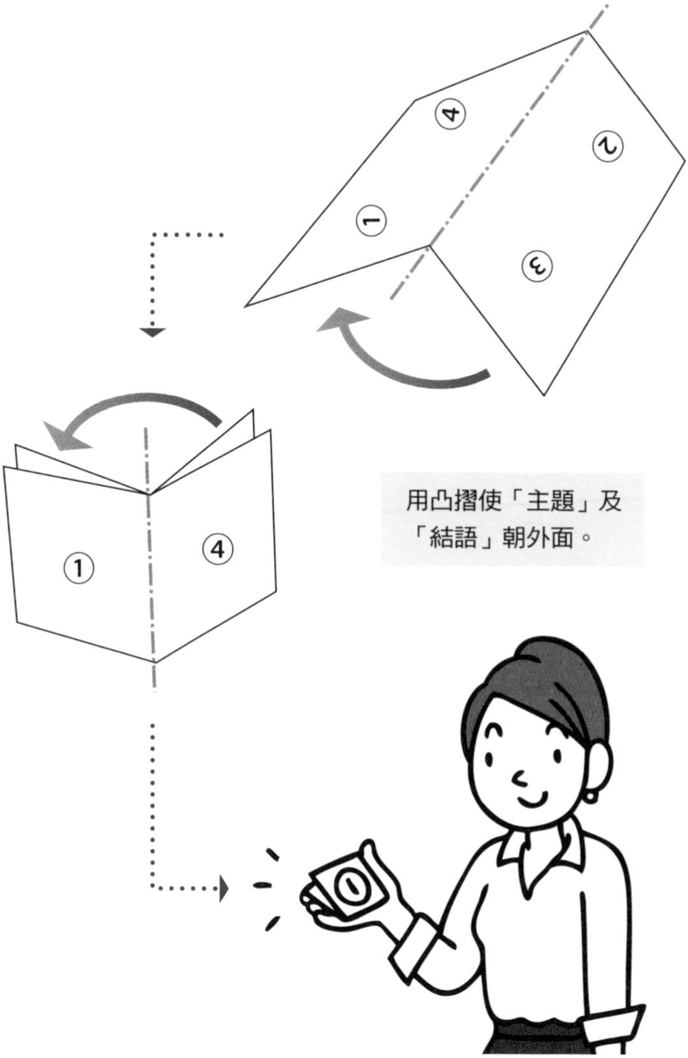

LESSON 22

# 主題濃縮在二十個字以內

在組織演講內容時，最重要的關鍵就是「決定主題」。「決定主題」就像是串起糖葫蘆的那根竹籤般，具有關鍵性影響。我認為，只要訂好主題，八、九成的內容可說是大功告成。

首先請嘗試「用一句話來表現自己究竟想說什麼」，並且用自己的話來說明主題，句子越短越好。若能精簡在「二十個字內」是最好的，完成的「主題句」愈簡短，想說的話就會像高湯塊般，愈能將精華濃縮於一身。

這二十字以內的「主題句」到底該如何才能精煉出來

## 六步驟使主題明確化

STEP 1 寫出演講的內容概要。 ←

STEP 2 這個內容中你最想表達的是什麼？ ←

STEP 3 找出可能的關鍵問題點。 ←

呢？最簡單的方法，就是**將最先想到的內容，記錄在月曆等背面空白的紙張上，紙張愈大愈好**。一開始寫到兩、三行也沒關係。接著繼續琢磨最初的想法，使用更明確精準的語句來描寫，二十字的主題慢慢就會成形。

這個步驟最重要的是關鍵是，要耐心地花上一些時間準備。只要這個動作能做好，談話內容的組織幾乎就完成了。

**STEP 4** 用短文寫出解決、改善的方法、理由及根據。

←

**STEP 5** 將STEP3、4的內容，用一行來表現。

←

**STEP 6** 繼續推敲思考，濃縮在二十個字內。

**這就是你的主題！**

案例研討

# 「那個想說、這個也想說」無法找到主題

主題不明確，也就是還沒有確定好自己想表達的內容，對於聽眾而言，這樣的演講就會變得難以理解。請一起透過以下不良例子來學習。

〔不良例子〕

前幾天，朋友邀請我和他一起去「登山」。

我並不特別喜歡這項活動，所以從以前到現在，我都拒絕他的邀約。前些天，他特意為我準備了相關用具，還安排好登山前的訓練行程，甚至找了能一同前往的登山新手，在準備萬全的情況下，邀請我一同去爬山。看到他已做到這個

詳細解說

❶ 不太情願地答應了朋友的邀約，但卻從中獲得意想之外的收獲。講者是想藉由這個經驗，告訴大家「盡可能不要帶有偏見或先入為主的觀念，試著爽快答應別人的邀請」嗎？

地步，我也不好意思再拒絕，所以便答應這次的邀約。

終於到了登山的那一天。我從一開始就帶著緊張感，費盡千辛萬苦後，終於走到半山腰。不過，接下來的情況更加嚴峻，常常想著「我已經不行了」，還好有同伴的鼓勵，我才勉勉強強地，總算是登上了山頂。

登上頂峰的瞬間，從來沒看過的景色就映入我的眼簾。那是三百六十度的「雲海」，在夕陽照耀下，感覺如同飄浮在空中的橘色海洋。這幅景緻，我想我一輩子都不會忘記。

那天，我們在山中小屋住了一晚，隔天下山時，已經有餘力和山路上擦身而過的人們打招呼了。

仔細一想，才注意到自己在職場上都沒有好好地打招呼。然而藉由這次登山行程，讓我發現了跟不認識的人，也能輕鬆且自然地打招呼、聊天，一個嶄新的自己。

❷ 講到了這裡，是想要表達「登山」這個活動的魅力跟優點嗎？

❸ 還是其實想分享自己注意到「打招呼」這件事的好處？

❹ 「那個想說、這個也想說」導致聽眾的思緒也跟著內容漫無目的地到處亂跑，結果就會使談話內容難以真正傳達到人的心中。因此，嚴選演講主題，是一大重點。

LESSON 23

# 經驗談，是最佳的話題

決定好如糖葫蘆的竹籤般的「主題」後，接下來就必須準備要插在竹籤上的糖葫蘆，也就是「內容」了。

**決定內容的關鍵是：盡可能選擇具體的材料作為內容。**例如「單一口味」或是「多種水果」的糖葫蘆；「有加蜜餞」或「沒有蜜餞」的糖葫蘆。若使用籠統且抽象的措辭，只會讓聽眾留下模糊不清的印象。

當然，根據情況及場合不同，有時也不得不使用抽象的措辭呈現演講內容。但畢竟在職場上，凡事必須具體明確，溝通的基本法則，就是使用「具體的內容」。

● 失敗的經驗談，可從聽眾那裡獲得❶笑聲、❷安心感、❸共鳴感。

什麼樣的內容最有說服力呢？說到這個，沒有比「經驗談」更好了。**經驗談不僅能夠進行人物、景色的描述，也能極具體地敘述內心掙扎或糾葛，更可視演講情況來增添內容或是省略縮減**，對有固定時間的談話場合，能夠做出隨機應變的處理。

最後再補充一點，建議大家可以根據聽眾或不同場合，用以下三個要件，來進行演說內容的選擇：

**❶選擇自己有興趣的話題**
**❷注意內容是否適合聽眾**
**❸選擇時間內能說完的話題**

若能事前考慮好這三項要件，不管怎麼樣的聽眾，你都能夠讓他聽得盡興而歸。

●分享成功經驗時，重點在於把主角從自己改為你的朋友。若把自己的經驗原封不動地搬上檯面，容易引起聽眾反感。

練習

## 學習如何高明地選擇話題內容

如同前頁所述，適合拿來當作演講材料的內容，包含「自己有興趣的話題」及「適合聽眾的話題」，讓我們具體地探討這些內容。

### ❶自己感到興趣的話題

〔練習〕

A 採用覺得「我想要說這個」的話題。

B 採用認為「這個會很有幫助」的話題。

C 考量聽眾對象，採用感到「這個不講不行」的話題。

❶ 以上列出的話題例子，都是講者感到「非常想講」的話題，可以涵蓋的領域包括釣魚或高爾夫等「興趣」、早起或慢跑等「生活習慣」，或踏步、拉筋或半身浴等「健康管理」。

## ❷適合聽眾的話題

〔練習〕

A「事前」調查、確認聽眾所關心的事物後，再來進行談話。

B「正式開始之前」，可先簡單攀談確認方向，再開始對話。

C 透過對方的反應來判斷，或藉由問題直接「現場」確認。

❷
「自己的興趣及關心的事物」不一定等於「對方的興趣及關心的事物」。特別是談到「興趣」、「習慣」、「健康管理」等這些私人領域的話題時，可事前自問「這是否是適合聽眾的話題？」或提早進行確認為必要步驟之一。

LESSON 24

# 談話有重點、有高峰才誘人

不管是一對一對談，或在大眾面前演說，若都使用「一樣的節奏」「單調的口吻」及「解說的語氣」，聽眾就很容易因為感到沉悶，而不知不覺陷入夢鄉。

就像車子開在空曠的高速公路上，會因為不用等紅綠燈且缺乏緊張感，越開越想睡。但若是在平坦的道路上突然出現彎曲轉折，就會睜開眼睛、瞬間清醒。

因此，長時間演說時特別需要注意這一點——**講者必須能在平淡的內容中，讓聽眾的眼睛為之一亮**。因此，本篇就要講解「設定演講時的重點及高峰」的技術。

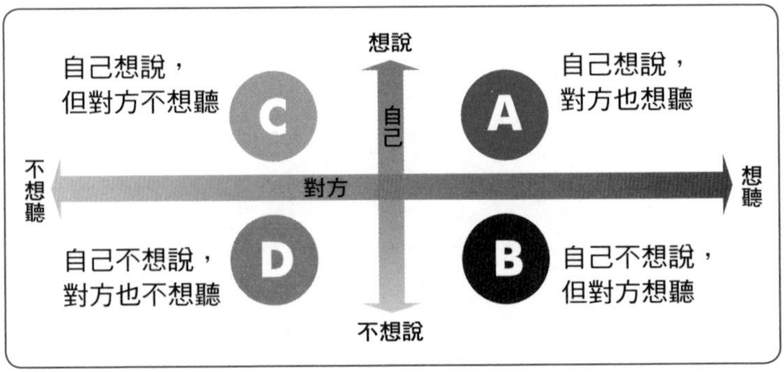
想說
自己
不想說
不想聽
對方
想聽
自己想說，
但對方不想聽
C
自己想說，
對方也想聽
A
自己不想說，
對方也不想聽
D
自己不想說，
但對方想聽
B

這個技巧的主要目的，就是透過「重點」來傳達關鍵內容，並利用設定「高峰」，讓聽眾心想「接下來會有什麼發展？」以吸引聽眾的興趣。

而強調的方法，必須依照聽眾或目的的不同，來採取合適的形式。就算是「今天天氣變得好冷啊！」這種**單純的句子，也能在強調的部分，透過改變音量，進而達到徹底改變聽眾印象的目的。**

又或者如同「讓我再向各位強調一次，說話技巧越磨就會越亮」，可以透過「重複相同的詞句」來強調重點。另外還可利用「假如人與人之間沒有對談……」等反論式假設法來演說，就能有效聚焦講者訴求的重點。

## 對方不想聽卻還要強調，不會有效果

就算設定了「重點」及「高峰」，若聽眾不想聽，效果也會大幅被削弱。講者的談話意願及聽眾的聆聽意願，其相互關係會按照右圖依序從A到D，逐漸削弱重點及高峰的效果。

案例研討

## 稍做強調可改變談話印象

就算是平凡的內容，只要透過重點的強調，以及設計吸引聽眾注意力的高峰，整個演說給人的印象就會瞬間改變。讓我們藉由實際例子來學習。

〔範例〕

各位乘車的時候，會繫安全帶嗎？和歐美國家比起來，日本的安全帶使用率仍然偏低。

我以前其實也因為覺得很麻煩，所以都沒在使用。然而，有一天，因為只是要去附近的地方，我沒繫安全帶就坐

詳細解說

❶ 若只形容「緩慢的速度」，聽眾只會接收到模糊的印象。在說明份量、大小、速度等概念時，使用數字可以獲得很好的效果。在強調事

上朋友車子的副駕駛座。車子用時速二十公里左右的緩慢速度行駛，我也安心地坐在位置上，突然，朋友在十字路口緊急煞車，結果我的頭用力地朝車前窗狠狠撞了一遭。

那天之後，我就養成了繫上安全帶的習慣。某一天，我自己開車時，因為邊打瞌睡邊駕駛，最後居然用時速六十公里的速度，正面撞上大型卡車的側邊。

我的車子被撞得面目全非，完全無法修理。但不幸中的大幸，繫著安全帶的我只有輕微擦傷。一想到若當時我沒有繫安全帶，就不禁打起寒顫。

「要繫安全帶」這個常識想必大家都懂，但說到實際執行，就不是每個人都辦得到了。那次的經驗之後，讓我深刻體會到，「空有常識，還不如實際執行更重要」這個道理。

物的性質或狀態時，盡可能具體表現，這是很重要的。

❷ 這裡透過「二十公里」及「六十公里」，達到「對比」效果。兩起汽車事故中的速度差，其結果的「差異」被放大，「繫安全帶的重要性」便成功地突顯出來。此外，像這種把自己的親身體驗，轉換成「比起知識，實際行動更重要」的「普遍性主題」，是很成功的一個關鍵。

LESSON 25

# 「破題」比內容更重要

讓我們再次確認前面已經做好四個步驟：❶「決定主題」❷「選擇話題」❸「決定流程」❹「設計重點及高峰」。若確實做好這四點，並仔細掌握談話「對象」及「目的」，那接著就要進入最後完工的階段。

作為此階段的第一步，讓我們一起學習「如何破題？」以及「應該怎麼做結尾？」的技巧。

關於「破題」，請記住口訣是「連、關、身、問、預、動」。而「結尾方式」，則請注意以下兩大重點：

第一是**「以自己的心情或想法，來做強力收尾」**。這裡

## 「破題」的六關鍵

**連** 能連接主題的開頭。

**關** 提及對方關心的重點。

**身** 從身旁的話題開始。

必須使用「為什麼會這樣，就是因為……」等理由，根據明確的方法來論述。若對話變成單方面強迫他人接收，那就很難讓聽眾聽得下去。因此要十分注意措辭及說話方式。

第二個重點則在於「重複主題」。**透過演講的最後，再次重複主題，可加深聽眾對整場演講或談話的印象。**

**問**

用問題先切入。

**預**

預告會提及的項目。

**動**

讓聽眾動起來。

案例研討

## 「破題」及「結尾」的技巧

「破題」及「結尾」的技巧，不是一朝一夕就能馬上學會。有不少人都是透過盡可能多接觸實例來學習這項技巧。

這裡列出幾個「破題」及「結尾」的實例，各位可以參考看看。

### 一、「破題」的實例

**案例❶〔企業研習〕**

「各位是否注意到會場入口的自動門上，貼了一張『拒絕推銷』的貼紙呢？……這是發生在某位業務和資深業務之間的故事……」

❶ 此例子是使用會場發現的貼紙，來與現場為「業務」的聽眾做連結。請盡量使用和現場的地方、人物、狀況有關的話題來導入話題。

**案例❷〔員工訓練〕**

「各位和你旁邊的人是第一次見面嗎？距離訓練的開始還有兩三分鐘，請跟你旁邊的人互相簡單的自我介紹吧！」

❷ 若遇到「訓練開始前、緊張且安靜」的時刻，可讓與會者間彼此對話，若能加些小活動，會更有破冰的效果。

**案例❸〔報告・演講・研討會〕**

（發出第一聲前先製造時間間隔，再踏步上前）

「大家早安！我是ＣＮＳ說話技術研究公司的櫻井弘。其實剛剛我做了段落開始前的「間隔」這個演講技巧，不知道各位有沒有發現呢？……」

❸ 實際運用在課程中要介紹的內容。

## 二、「結尾」實例集

### 案例❶〈研習會結束時〉

聽完大家的意見及評論後，相信今天在研習會上，針對說服、談判該有的對策及姿態，及往後的具體問題、需重新認識的事項，都有全面且明確的了解。

各位不妨在全員面前實際演練學習到的技巧，感覺是否很棒？在結束前，我引用拿破崙的名言鼓勵大家：「所謂幸福，就是最大限度地發揮自己擁有的能力。為了完成這個目的，周遭的協助是不可或缺的」。

❶ 利用諺語或格言，將整場演講內容串聯起來。

### 案例❷〈研習會結束時〉

各位，這三天接連不斷的課程，大家是不是好像

「煥然一新」，重新愛上了演講呢？煥然一新，也可以解釋為「換了一顆心」喔！

希望這三天大家所學到的內容，能在各位的生活及工作上有所幫助。在結束之前，我衷心期望大家的將來都能夠「煥然一新」，帶著新的心去面對未來的每一天！這三天真的非常謝謝大家的參與及協助！

❷ 透過同音字、說文解字等不同形式，來比喻聽眾聽完演講後的情緒及狀態，鼓勵其未來的成長。

**解說**

實例❷所使用的說文解字，還有以下這些例子：

「食」可拆解為「對人是良好的」／「親」（父母親）為站立在木上看／「說明」為解說事物使其明確／「說」這個字上有兩個口。

LESSON 26

# 先用結論展開你的談話

在日常會話中，展開談話內容的方式多到讓人眼花撩亂。像是我們常常問「過得好嗎？」「順利嗎？」等問候語，但卻沒有弄清楚「何時？是誰？什麼狀態？」這樣會使整個談話看不到連貫性，會變得好像電影已經播放到一半，才從中間觀看一樣。

因此，在演講等發表演說時，必須仔細注意是否有上述問題出現。徹底整理好「談話流程」，是非常必要的步驟之一，而此時最關鍵的就是「主題明確化」。

講者的中心論點，最好能用二十字內簡短的一句話來彙

**你的談話是否很乏味**

整表現。找到明確的主題之後，接下來就要思考用那些具體話題或事例來支撐主題。

有了話題或例子時，接著應該研究如何「排列」這些材料。**對於生活忙碌的現代人而言，通常會有想先知道結論的傾向**。因此，在展開談話時，可以考慮先敘述結論的「結論優先型」。

當然，講者也必須根據談話當時的狀況或對象，來改變展開方式，但基本上，「結論優先型」仍是第一選擇。

案例研討

# 展開談話的五種技巧

學會將以下展開談話方法運用得宜，就能輕鬆為聽眾，打造出適合的談話流程。

## ❶「並列▼強調」展開法

甲在一次聚會開始前，主動向主辦者打招呼，結果之後每次見面時，主辦方都記得他的名字。而乙在某次拜訪客戶前，問候了在電梯巧遇的人，沒想到對方就是他的提案對象，那次提案也很順利。甲、乙兩人都是「先發制人打招呼，並推動對話」，可見透過「先問候」，可以打造「良好的人際關係」。

❶ 並列同樣的案例，以強調其意義及必要性。

## ❷「反列▼對比」展開法

某一次拜訪客戶前，甲的視線和電梯中某個人對上了，簡單地打了個招呼。沒想到對方就是他的提案對象，因此那次提案很順利。而同樣情況發生時，乙卻因為覺得「對方很不友善」，就將眼神挪開。因此，當然那次提案便因此告吹。甲、乙兩人的情況有很大差別。因此不管對象是誰，務必培養自己在何時何地都能「輕鬆問候人」的能力。

❷ 列出兩個相反的例子來做「對比」，放大兩者之間的「差異」。

## ❸「分解▼分析」展開法

案例❷中的甲、乙兩個例子含有兩種要素。第一個是「輕鬆與人搭訕的效果」，第二個則是提出對於感到

❸ 找出例子中的「意義」或「問題點」等，並進行更加詳細的分析、放大焦點。

討厭或不喜歡的人，無法「自在問候對方」的困難。

**❹「階段▼引導」展開法**

要讓聽眾產生行動意願，有三個階段。第一階段是培養與對方的「人際關係」；第二階段是將「希望他做什麼」的內容說明清楚，使對方理解；第三階段則是透過「喚起行動意願」，使對方產生自發性動作的情緒。

❹ 透過說明階段來表達步驟或順序，可促使聽眾達成階段性及系統性的理解。

**❺「假設▼舉證」展開法**

如果當時在電梯中沒有跟對方打招呼，會變成什麼情況呢？雙方之間會產生尷尬的氣氛，提案一定也無法順利成功。可見問候是職場上一項重要的武器。

❺ 「假如情況相反……」用假設來強調其缺點或負面影響，以證明某事物的必要性或重要性。透過假設及實證，可達成聚焦於原例子的意義及必要性的效果。

# 第 4 章

# 讓人稱讚你「超有趣！」〔實踐篇〕

▶▶ 本章將介紹談話技巧研習會及美國學校所實施的「談話準備方法」及訓練方式。只要能徹底掌握這些技術，說話技術就能比其他人更上一層樓！

LESSON 27

# 談話重點只要三個就夠了

現代人非常忙碌，每天都在四處奔波，好像連停下腳步一秒鐘都覺得浪費。這種現象也導致人們「聆聽」的方式也產生極大的變化，簡單來說，就是聽眾想先知道結論。

中文文法不只有各種修辭方法，還有各種狀聲詞、歇後語等，使得聽眾不聽到最後，就搞不清楚到底是疑問，還是表達意見。另外，也因為同音異義詞很多，衍生出不同的意義，導致中文不容易將正確訊息，傳達給對方了解。

不過，**在國際化及資訊化急劇發展的這個時代，說話時若是結論不清不楚，或使用曖昧含糊的字眼，或是多種解釋**

## 三個項目恰恰好

想像一下「正三角形」這個圖案，應該可以了解到「三」是一個具有平衡感的數字。我認為可能是因為這樣，經常會看到「構成○○的三要素」或「○型、□型、△型三種類型」等句法表現。「三」這個數量就算在當場構思，也很容易統整出來，例如哲學上的「正、反、合」辯證就是典型例子。

**的詞彙，只會讓聽眾感到煩躁不耐。**

因此，在商務場合中最有效說話方式之一，即是「項目優先主義」。這個方法的特色是使用「因此，我們的結論是……」「關於〇〇，我有三個重點想介紹給各位。第一點是……」等說話方式。

根據我過去到目前的經驗，我建議各位**將要欲表達之重點，濃縮成三項，效果最好！**

### 二或四項無法打動聽眾

若使用「二」這個數量，會是什麼情況呢？舉個例子，報告中想「提出優點」時，若說「優點有兩項」，就會給人「好像少了點什麼」的印象。若使用「四」，句子變成「優點有四項」則會給人「有點太多」的感覺。

案例研討

## 學習與商務人士應對進退

若你的聽眾，是經常被時間追著跑的商務人士時，「項目優先主義」的說話方式特別能發揮出極大效力。透過不良例子及正確範例，來學習此說話方式。

〔不良例子〕

一段高明的談話，必須要有扎實的「內容構成」。

扎實的內容，關鍵在於構思能支撐「主題」的「具體例子」，並同時整理出「談話的順序」。此外，對於掌握「談話的流程」也要多下工夫，設計好「重點」及「談話高峰」，才能有很好的效果。

詳細解說

為何優先說明項目，能使談話更好懂呢？原因有兩種。第一個原因，是提前做出「談話預告」，讓聽眾產生「他接下來要說的，是想最後，為了整頓談話全體的架構，若能事先思考「話題導入及結尾的工夫」，即可產生出優良的內容構成。

〔範例〕

一段高明的談話，需要五個關鍵。在這裡我先把它們一個一個列出來。

第一、主題一行化；第二、構思能支撐主題的具體例子；第三、構思談話的流程；第四、設計好重點及談話高峰。最後第五、在話題導入及結尾的部分多下工夫。

接下來，我將針對各項一一說明……。

要談話高明所需要的五個關鍵」這種想法，使聽眾更容易進入狀況。從他的角度而言，講者這樣做能滿足他「待會要說什麼？」的疑問，使他能在安心的狀態下來聆聽內容。

第二個原因是「分項說明，讓人感覺很好理解」。對聽眾而言，透過分項說明，能幫助聽眾針對每一個不同的項目集中精神注意聆聽，聽眾也能徹底掌握局勢，不會忘記談話順序，進而可以集中精神，重心放在內容上。

LESSON 28

# 用「具體例子」支撐主題

日常生活中的每個行動都是具體的，然而，一旦「報告」這些行動，就會不小心過度依賴形容詞，或濫用抽象表現，例如「大概沒問題」「大家都有在做」「現場有好多人，情況很嚴重」等。

**若是說話太過抽象，即會產生無法正確傳遞事實之虞。因此，「具體說明」及「透過具體例子來解說」非常重要。**

讓我用在公共廁所常看到的「協助節水」貼紙為例，上面大部分是寫「珍惜水資源」「共同協助節約省水」等非常抽象的說法。看到這些句子，真的會讓你產生「不節約省水

## 若文字易讀性低，讓人不想理解

我曾讓學員去尋找「文字易讀性低的資訊」，通常他們會找到厚重的說明手冊、地下街的指示看板、充斥著專業術語的說明會等。這些都是說明的文字易讀性低的案例，大家一看到就不住點頭認同。透過尋找「文字易讀性低的資訊」，讓人再次注意到「清楚易懂之說明」的重要性。

不行」的想法嗎？

同樣是請民眾省水的貼紙，在海外則是使用更具體的表現方式。有個人在加州缺水時到一家餐廳吃飯，結果餐桌上沒有送上平常給客人飲用的水。他看了看其他桌也是一樣，偶然之間，發現有一張紙，貼在牆壁上。

紙條上寫著：「若你能少喝一杯水，那就可以省下洗杯子的水。加州餐廳都在實施此方案，希望可以補足生活中所需的水。若不得已一定要白開水的顧客（例如吃藥等），請告知服務生。」

各位覺得如何？藉由如此具體的表現，你的腦海中是否馬上浮現水資源不足的切確形象，並產生「我要一起省水」的心情呢？

### 把話完整說清楚，傳遞真正心意

記得在幾年前，前輩要出差時，我對他說：「路上小心！」結果反被前輩問說：「到底要小心什麼呢？不要喝太多嗎？還是小心天雨路滑？」其實他在教我：「若不把話完整說清楚，就無法把真正心意傳達給對方！」鼓勵大家從平常就開始培養「把話完整說清楚」的習慣。

案例研討

## 談話變具體，聽眾的印象也會改變

使用具體的表現來談話，可說是說話技巧中最基本的一環。透過以下例子，一起來思考談話是否具體，如何影響聽眾的印象與觀感。

〔不良例子〕

講師甲：「這場研習會進行得如何？這是公司甲第一次舉辦對吧？」（不知道成果好不好？企業方會不會再次邀請我們當講師呢？）

講師乙：「嗯！大家都很認真參與，活動很棒！」（是那裡很棒？企業方會想再參加我們辦的研習會嗎？）

詳細解說

講師乙的回答很抽象、給人一種答非所問的印象，讓問問題的人感到「研習會真的沒問題嗎？」「真的很順利？」等疑惑的情緒。

〔良好範例〕

講師甲：「研習會如何？這次是首次合作的公司呢！」

講師乙：「是啊！一開始可能因為緊張，學員反應很冷淡，但其實都是很認真的員工，第二天開始，他們每個人都仔細準備課程內容，從這一點就能看出來。我自己則是因為他們太乖了，所以雖然感到應該沒問題，但又有點不安，但在聽了他們的發表後就安心了。之後再詢問研習會負責人才知道，他們公司的風氣就是這樣。對方也說，對於這次研習會，公司特別關注，似乎大家都很滿意成果。」

講師甲：「原來如此，那我就放心了。他們一定會再次請我們規劃舉辦的！」

這位講師乙的說話充滿具體描述，將學員的真實狀況生動地傳達給對方。詢問研習會負責人這段回答，也增進了內容的豐富度，提高談話內容的信賴感，聽眾也就能對回答感到安心。

LESSON 29

# 用「比喻」讓談話不再欠一味

若想在短時間內，讓對方理解你說話的內容，可用「比喻」及「舉例」。仔細聽聽講話簡單易懂的人在演講時，他們都巧妙地利用具體例子或比喻這兩個非常有效的技巧。

擅長說話的人，會透過比喻、舉例，讓抽象的內容變得具體，並使模糊不明確的地方更加清晰，生動地將談話內容，清楚地傳達給聽眾。

此外，對於日常生活中太親近、太熟悉的事物，**比喻及舉例可幫助我們重新看待實際情況或本質，使我們能再次認識、熟悉這些「已知」事物。**

### 丟臉，好似把鑽石磨亮的刀工

在研習會上，若分享者感到緊張不安時，我會在白板先畫個正方形，然後一邊用削掉四個角般的方式畫線，一邊告訴大家：「覺得丟臉，就好像磨鑽石一樣，愈磨愈讓人變得更加閃亮耀眼！這裡就是盡量讓你丟臉的地方！」通常只要這麼一說，分享者緊張的情緒就會緩和下來，感到安心。

請嘗試用別的東西，來比喻「自己的工作」及「自己的性格」作為練習。藉此，也許讓你注意到，一直以來都認為很了解的東西，其實並沒有想像中的了解。

**嘗試使用周遭的現象及物品來比喻自己的想法或必需資訊**，透過這樣練習，能幫助自己把思緒或重要情報正確、易懂地傳達給別人。

透過這些步驟，可以使談話內容得到不同角度的檢視，進而讓更多人能理解自己的想法。

### 比喻及舉例，能讓對方注意到重點

「給肚子餓的人一條魚很簡單，若他之後又肚子餓了，可是你不在他身邊，他就有可能會餓死。但若能教他釣魚的方法，他就可以用自己的力量，來獲得更多的魚。」如上這個例子，比喻及舉例，可以提高對方的理解度，使聽眾注意到內容的必要性與重要性。

練習

## 鍛鍊比喻技巧的練習

雖然很想要馬上讓比喻及例子，豐富我們的談話，但也無法瞬間想出適當的例子吧！最重要的就是平時開始訓練自己。請參考以下例子，練習用身邊的人事物來「比喻」。

**可直接想像到的比喻**

**❶「傾聽能力」**……▼裝載東西的「器皿」（器度大小影響容量）

**❷「從容自在」**……▼「方向盤」（能靈活應變、順暢進行）

**❸「沒有價值」**……▼「昨天的報紙」（遲到的新聞）

**需加說明的比喻（字面上寫作〇〇，意思上解作～）**

**❶「自己的性格」**……▼「像鉛筆一樣」（就算被削短，仍貫徹信念，筆直地堅持到底）

❷「讀書」……▶「像橋上的扶手」（缺少它就會害怕、不敢前進）

❸「自己的姿態」……▶「像眼睛一樣」（對方看得到，自己卻看不到）

**讓聽眾思考的比喻（在不同看法中展示出其中一個指標）**

❶「人生」……▶「像火柴盒一樣」（雖不能大意，但過度重視又覺得荒謬愚蠢）

❷「說服」……▶「像是帶路人一樣」（根據對象而有各種不同的道路）

❸「愛」……▶「像空氣一般」（雖然看不到，但它就在那裡）

## LESSON 30

# 生活周遭都是「話題」的線索

思考談話內容，其實就是重新回顧及再發現自己對事物的看法的過程。進行此步驟時，應該有不少人會強烈感受到「想和更多人分享」的「談話欲望」。

**當被「想跟更多人分享」的想法喚起談話欲望時，還有一個大問題阻擋在前面——那就是「話題的尋找」**。此時我們會遇到「應該談論什麼事情比較好呢？」「什麼話題才適合？」等問題。

這雖然是頗令人煩惱的問題，但我提供一些能解決此障礙的方法給大家參考。首先，你不一定要想出「讓人驚嘆

**找話題的五個關鍵**

**停**
停下腳步。

**看**
重新再看一次。

**轉**
轉變視點。

不已的內容」，或是逞強愛面子不斷思考「能使對方拍桌叫好、大家都不知道的話題」。

請回頭想想看談話的目的，讓自己顯眼或受到萬眾矚目，應該不是談話所要達成的任務。因此，**話題不應該光找些吸引人目光的材料，而是分享誰都經歷過的經驗，或是只要思考一下就能領會的事情，並搭配具體例子及比喻來講述**就已足夠。

像這樣不刻意引人注目，也能把他的心情傳達給對方的講者，聽眾對他自然而然就產生出「優秀講者」的評價。

**觀**

觀察。

**問**

積極觀察、保有疑問。

案例研討

## 從日常生活中找出話題

有時就算用心找、努力想，也無法輕易地就找到能吸引眾人目光的話題。這裡將介紹「在那裡」及「如何」尋找話題的小技巧。

### ❶電車中

捷運可說是社會的縮影。各式各樣的人，做著各式各樣的動作、談論著不同的話題，是一個能尋找新鮮話題的寶庫。

### ❷抵達演講會場前的途中

在抵達演講會場前所注意到的事物，會使聽眾因為自己熟悉的話題而產生共鳴，使講者在導入話題時，就引起聽眾的興趣及注意。請參考左頁的例子。

「今天在抵達會場前，我看到了火車站前酒類廣告的看板。比起本地釀製的酒，外縣市的酒類廣告似乎更加顯眼、更加引人注目。我認為，這代表了在地人客氣謙虛的個性。但若以今天的主題『演講報告』而言，那謙虛客氣可就不行了，一定要有更加積極的作為！」

**講者注意到會場附近的廣告看板，並拿來當作演講的破題，並連接到演講主題。**

### ❸與家人的對話

夫妻之間的談話，或是與小孩的對話時，很容易因為他們是「親密的親人」而疏忽大意、說明不足夠，進而產生誤會、臆測或溝通問題會濃縮出現於這種對話中。

LESSON 31

# 把頭腦裡的畫面描述出來

當談話內容準備完成，我們可以用「表現的原則」檢查我們所預備的內容。**這個「表現的原則」是指談話時，中心思想的原則包含三個要件：❶「易懂」❷「簡潔」❸「印象深刻」**。接下來就讓我們一一探討其中的重點。

首先❶「易懂」大略分為以下三個關鍵要點：

- 「須根據對方的理解程度來調整」
- 「關係明確化」（請參考下方說明）
- 「具體說明」

而❷「簡潔」的具體重點如下：

## 關係明確化產生極佳效果

全體與部分、原因與結果、時間關係、優先順位等等，這些都是可以考量的關係，事先將這些關係分門別類明確化，是很重要的步驟。特別是，只要拉出「全體與部分」的關係，談話就很有效果。

●「抓出關鍵字」

●「項目優先主義」

●「用短句做區隔，加入連接詞」（請參考下方說明）

最後則是關於❸「印象深刻」的重點：

●「將腦袋中想像的畫面描寫刻劃出來」

●「有效活用手勢動作」

●「帶有感情地說話」

若準備一場談話，可以確實把握以上幾點，演講就可順利成功。

### 用短句做出區隔，加入連接詞

最近我特別在意「逗號很多的講稿」。若講稿中的句子使用「做了……之後，因此……，雖然……但是……」這樣的句型，不只文章段落不明，也會讓聽眾感到焦躁不耐。若改成「○○做完了某個動作，所以……就是這個原因。另外，（下接新話題）……」用短句來做區隔，使講稿成為逗點、句點多的文章，講稿會變得更簡單易懂。若再加入適當的連接詞，談話會更簡潔俐落。

練習

## 依照表現原則來說話

「表現的原則」包含❶「易懂」❷「簡潔」❸「印象深刻」三個要件。請各位一邊注意此原則，一邊試做以下兩個題目。

**第一題** 請用易懂的方式，說明前往公司的路程。

〔範例〕

接下來我將為各位說明從捷運忠孝復興站到此事務所的路線。整個過程大約十分鐘，距離是七、八百公尺左右。

首先，從忠孝復興的三號出口出來，後面是捷運軌道的高架橋。前面的道路叫做

「○○路」。對面有一棟「○○」商場，可以作為參考指標。

接下來請直走到「□□路」，右轉後直走到紅綠燈為止。那個十字路口被稱作「△△圓環」。紅綠燈前的角落有一家叫「□□」的服飾店。沿著服飾店的走約三十公尺的路程後，即可到達本事務所所在大樓。

大樓名稱是「○○第一大樓」。本事務所位在六樓。大樓的一樓有間「○△□」便利商店可以作為參考指標。

解說

**要讓路程的說明清楚好懂，必須一開始就說出「出發點到終點的整體範圍」。**之後再透過「紅綠燈」或「參考指標」等「部分」說明，使其更容易理解。在說明路程時，指出「全體與部分的關係」，使相對位置更明確，是很重要的技巧。

**第二題** 請從最近生活中發生的事，選出一件特別有印象的事情，並詳細描述之。

〔範例〕

「啊！」遠方突然傳來一陣女性的慘叫，站在閘門附近的我，不由得將視線移向聲音來源。

結果發現月台附近聚集了許多人。往前一看，有一名女士竟然被夾在電車和月台之間！

有人正嘗試把她拉上來，但女士扭曲著表情喊說：「很痛！」看到這個情況的另一名男性，立刻將雙手推往電車車身。這個動作馬上感染到四周的人，「一二三、推！」最後連電車裡的人都跑出來幫忙。大家一邊喊著，一邊開始推起電車的車身。

最後電車跟月台之間終於產生了空隙，總算成功將該名女性拉上來！

**解說**

「將腦袋中想像的畫面描寫刻劃出來」，是使談話內容讓人印象深刻的一大重點。如同第二題的範例，加入「啊！」或「一二三、推！」等對白，可以製造臨場感，更容易留下深刻印象。

# LESSON 32 把談話當成一道料理來調味

接下來終於要帶大家進入「實踐訓練」，而這裡將整合各種說話訓練的「演講」為主進行探討。

**雖然已強調過很多次，但仍要再次強調：談話時最重要的是「我要說什麼？」以及「我要怎麼呈現！」這兩大重點**。也就是說，講者必須思考想傳遞什麼訊息給對方，整理好自己的想法，再正確傳達出能一言以蔽之的簡練主題。

為了達成此目的，必須根據聽眾的身分、性格、年齡等因素挑選話題，另外也必須依照談話的目的或主題來更動內容順序、登場角色、人物描寫或對話的互動方式。

**增添談話的色香味**

**精**

精簡（盡可能去除多餘的部分）。

**普**

普遍化（使話題趨向大眾、普遍性的內容）。

此外，關於談話內容的比重以及如何整理等，只要有心想讓演講更好，需要改善的地方就會逐漸浮現出來。透過前面的步驟來整理思緒，就能夠磨練出更加進步的說話技術。

若能下點工夫來改善「無法控制在時間內說完」這個的情況，想必講者也能因而獲得極大的自信。藉由不斷檢討及修正，能確實強化談話的表現力。藉由深層思考，更可以注意到自己的思考方式及看待事物的態度正不斷變深、變廣。

整理思緒時，應同時考量如何為「談話」這道料理調味，透過「精、普、埋、變、掘」，可以提高談話的效率及成效。

**埋**
埋好鋪陳的情節。

**變**
變化（增加手勢或改變語氣）。

**掘**
深入挖掘與探討。

⬇檢查表

## 你有準確掌握談話主題嗎？

請用此檢查表整理自己的思緒，並鍛鍊說話的技術。

❶是否能「用一句話說明自己到底想表達什麼？」 □
❷是否能明確回答「為什麼想說這個？」 □
❸那「一句話」是否表現得很具體？ □
❹主題是否想好「問題點」及「解決策略」了？ □
❺能在二十字內表達你的主題嗎？ □
❻是否仔細深入思考過？是否重複問自己「為什麼」？ □

詳細解說

❶ 要是連自己都不知道到底想說什麼，那這場談話就不可能打動聽眾。請於演講前徹底的斟酌談話主題。

❹ 若只提出問題點，而不告知解決策略，會讓聽眾有種「被隨便擱置在旁」的心情。就算是困難的問題，仍應要思考、提出解決策略。

❼演講內容是否為精簡無累贅的表達方式？ □
❽想說的內容是否剛好，或太多？是否濃縮成一個主題？ □
❾是否將「我想傳達這個」的情緒包含在內？ □
❿最後再重新審視一次，整體講稿是否協調、完整？ □

❽請參考第一百頁的內容。這個想講、那個也想講的對談內容，會因為講者只顧著自己的情緒，使內容變得非常難以理解。在有限的時間內，請留下真正想說的話題，剩下的則爽快丟掉。

**解說**

演講或分享時，請多注意話題的選擇。政治、宗教等複雜話題或充斥自己的思想及極端想法的話題，最好能避免。

LESSON 33

# 邊講邊秀，抓住聽眾眼球

之前曾經提過，不少亞洲人都對演講，或在大眾面前說話感到「沒有自信」「不擅長應付」。造成此現象的最大理由，很有可能是因為一般在學校的教育中，缺乏教導學生演講的方法。

不過最近幾年，有些國小開始實施「說話」與「傾聽」的能力訓練。然而，這當中也常聽聞面臨「指導者不足」或「沒有技術的累積」等問題。

從小就開始訓練孩子演講的歐美國家，他們到底如何教導孩子呢？最基本的第一步是「Show & Tell」訓練法。

## 只用看的無法理解

這個故事，是從一位小學的時候，就住在美國的日本講者那裡聽來的。有一次，他在美術課做了一個機器人。日本人的手藝本來就很細緻，而他更是擅長手作，做出了對小學生而言，令人非常讚嘆的精巧機器人。他擺出機器人，自豪地站在大家面前，然後安靜的站著。

然而，他旁邊的美國同學拿出自己做的機器人時，卻開始得意地描述這個方法步驟如下：「站在大家面前，針對自己的隨身物品，進行口頭上說明。」

這時，被訓練者就要自行決定時間、自由談論分享：「什麼材料做成？大約花了多少錢買到？在那裡取得？為什麼選了這個顏色、形狀或機能？它有什麼特徵、功能？得到這項物品之前和之後，有什麼地方產生改變嗎？」等問題。

透過這樣的訓練，能幫助每個人了解說話的樂趣、體會到「聽眾理解你」的喜悅，自然而然就能培養出在大眾面前說話的自信。

我認為，亞洲人應該從小學開始，就進行演說訓練。

---

它，並在全班同學面前努力說明其特徵或做成這個形狀的理由，最後獲得大家矚目的眼光。

「一看就能理解了不是嗎？」喜歡省略說明的日本人，與擁有「習慣不斷說明好讓大家了解」的美國人，兩者差異對照的景象，讓他無法忘記。

---

訓練法

## 實際練習「邊講邊秀」

請各位一起實際練習「邊講邊秀」。這裡以「請說明你錢包的特徵」為答題例子，大家可在練習時作為參考。

**例：「錢包的特徵」**

各位聽眾大家好，我是相田宏美。接下來要和各位說明我個人的錢包。我想以「絕無僅有、這個錢包的獨有特徵」來做為論述中心。

若用一句話來描述它，那就是「難得一見的錢包」。如大家所見，它上頭附有筆，以及便條本。

**詳細解說**

❶ 把實物秀給聽眾看，並加以說明，所以清楚易懂。

各位是否曾經有過外出時，突然想要記錄一些事情，卻找不到筆跟便條紙，感到困擾的經驗呢？因為我平時就有記錄的習慣，所以筆與便條紙已是生活必需品。如果他們附在錢包上，那就不會忘記帶出門。因此我就買下了這個錢包。

正如大家所知，附有筆與便條紙的錢包是非常難得一見的。我從很久以前，就想要找這種款式，但一直找不到。而這個錢包是在去年出國旅行時，好不容易才找到的珍貴款式。我想，在日本應該沒有這類型的錢包吧。

所以，「難得一見」，就是我的錢包的特徵。

❷ 具體敘述為何是難得一見的錢包。

❸ 以錢包的特徵作為「話題導入」及「結尾」，使聽眾留下強烈印象。

LESSON 34

# 邊講邊整理，擴大話題範圍

接下來要訓練「即席演講」，訓練的執行方法很簡單。首先，將自己喜歡的「題目」寫在便條紙上，並對折備用。參與訓練者將「題目」一一寫好後，將紙條放入糖果盒等小容器中。

接著，第一個人從容器中抽出「題目」，並針對自己抽到的「題目」進行一分鐘左右的演說。最後若能利用自己對「題目」的想法來收尾，就可以呈現出高水準的演講。

進行「即席演講」主要有兩個目的。一、即席演講必須在毫無準備的情況下，針對抽到的「題目」立即開始演講。

## 卓別林也實踐即席演講

有一名年輕人為了新商品的開發而感到苦惱，沒想到當他進行即席演講時，臨機一動想出來的點子，居然就成為了開發新商品的靈感，最後成功上市銷售。

此外，默劇天王卓別林也曾經有以下知名軼事。他和三位朋友當時每天坐在咖啡廳裡，進行即席演講的練習，連續一年之久，最終克服了自己不擅長在他人面前說話的恐懼。

這是訓練**「沒有準備的狀態下，一邊思考、一邊彙整談話」**的絕佳方式。二、透過不斷進行「即席演講」，進而達成擴展「話題範圍」的目的。

在實際生活中，我們無法預測會有什麼話題突然跳出來。**但只要大量練習及熟悉即席演講，「引導話題」的能力自然就會增加，進而變得能當場立刻應對各種不同的話題。**

### 即席演講帶來意料之外的發現

某個企業的部長，有一次和平常不太交談的兒子一起進行即席演講。父親給兒子的題目是「社會人」，因為兒子才剛開始工作。這位父親原以為他的兒子「還只是個孩子」，但竟然擁有自己的意見與立場，大大令他感到意外。另一方面，兒子則給爸爸出了「興趣」這個題目。「他應該沒啥興趣愛好吧！」原本這麼想的兒子，在演講後對父親有了全新的認識。

訓練法

## 即席演講的關鍵

這裡要介紹幾個較具代表性的例子，用遊戲的方法來練習即席演講，大家可以在實際練習中練習。掌握到重點之後，建議可以自行發想原創的練習方法。

① 將抽到的題目「實際唸出來」，並當場重複一次。

**詳細解說**

❶這個動作能製造「思考時間」，使講者不慌張，並順利進行演講。若突然被叫上台分享，或因為緊張而忘詞時，可透過此步驟，刺激腦部，順利說出句子。

❷ 從「格言或諺語」開始談話。

❸ 以「身邊的話題」來開場。

❹ 試著「丟球」給聽眾，也就是練習「搭話」。

❷「『先即制人，後則為人所制』這句話，想必大家都聽過！」就如這般，先將想到的格言或諺語說出來，隨後就能使談話導向與格言或諺語相關的話題。

❸ 有時候就算想說些引人注意的話題，也無法立刻想出來，因此，不妨使用當天或現場發生的事情及感受，作為談話題材。此外，「身邊的話題」具有使聽眾產生共鳴的雙重效果。

❹ 若是封閉在自己個人世界，談話無法順利進行。請敞開心胸、盡情與聽眾互動，將聽眾「捲入」話題的情境。在這樣的互動過程中，也許就會出現靈光一閃的點子。

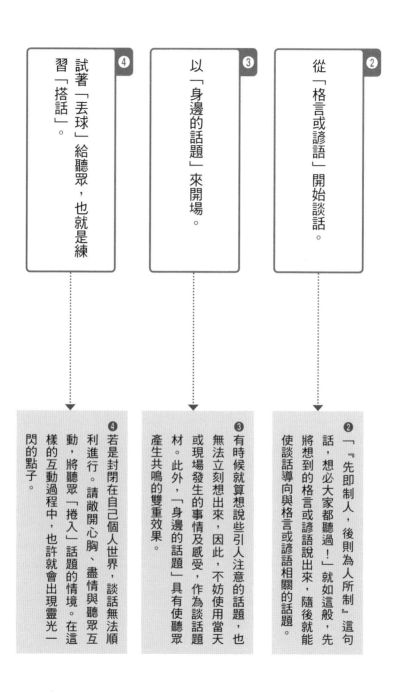

# LESSON 35 用故事接龍，訓練聽和說

「鎖鏈式演講」又叫「接力式演講」，是一種像遊戲般輕鬆，但又能增進談話功力的訓練法，需要三至四個人同時進行。步驟非常簡單，重點就是以「接龍」的方式來進行。

首先，第一個人用一分鐘論述自己喜歡的話題。時間到了就必須終止。接下來，第二個人同樣使用一分鐘，接續前一位講者的話題，直到每一個人都重複同樣的步驟。

這是全體參與者都能共同享受到訓練的方法。請以全員接龍完成一個故事為目的，來練習如何完美地接續前一個人的內容。

## 鎖鏈式演講五方法

**連接方法1** 找出強調點並聚焦。

**連接方法2** 找出問題點，並盡可能提出可行的改善方法。

**連接方法3** 發揮想像力來擴充內容。

**邊思考「主題」，邊想辦法連接上一個人的談話內容，「鎖鏈式演講」能使人專注於說話者所分享的內容，也可以培養「傾聽力」。**

此外，根據參與者的年齡或性格來調整訓練方式，也是很好的練習。例如，可以三人為一組，進行「團體」競賽，也很有意思。

在熟悉之後，不妨把每個人的時間增加為兩分鐘、三分鐘，也是很有效的方法。增長時間可提高想像力、加深並擴展語言表現力。

**連接方法4** 用「例如……」提出具體例子。

**連接方法5** 用「另一方面……」翻轉前者內容。

訓練法

# 鎖鏈式演講訓練演說及傾聽力

就算是大人也能像玩遊戲的孩子般，以愉快的心情來享受。這裡列出實際演練的例子，請各位嘗試練習看看。

**❶第一位**

大家好，我是出世昇。如同字面一般，我出世於太陽升起的街道。雖然剛來到這個部門，但希望未來能像太陽升起般，在公司能夠出人頭地。

想要出人頭地，不可或缺的就是「金錢」。而我所隸屬的單位，就是營銷部。此部門所做的工作，即是針對全公司及各部門進行銷售額的統計與分析。

詳細解說

❶第一位：雖然很短，但對出世昇這個名字、自己所屬單位，做了簡潔扼要且巧妙的介紹。

## ❷第二位

由於我的工作是銷售額管理，前幾天收到了長官的指示，要我計算本期銷售額的預測值。此作業必須輸入各種銷售額項目的平均值及單價，並利用已有公式為基礎來計算。

統計完畢後，長官帶著資料出席會議，發現裡面有個重大的錯誤。我的銷售預測額相差了三十萬元。後來調查指出，原來是因為我整年度都同樣的單價來計算，但該單價會隨著季節或使用量而有所變動。

其實身為新人的我，實在不太敢跟長官確認這些小細節，因此，若被指派工作，我會很想用自己的力量來完成。

❷ 第二位：根據第一位的內容，將談話導向「銷售額管理」的相關內容，並舉出具體例子，告訴聽眾他雖然受到長官委託統計銷售額，但卻因自己的執著使數字產生錯誤。

## ❸第三位

所謂組織，就是使用群眾力量來達成個人無法完成之事的系統。「因為被指派任務……」「不好意思問長官……」這樣的心情不是不能理解，但若做好的資料有錯誤或使人誤會，結果造成周遭的人許多麻煩，那就沒有意義了。

其實，負責任的做事方法，代表著有不明或不安的地方時，必須當場仔細詢問並確認，一一將問題解決，更何況我還只是個新進員工。往後我會汲取此次失敗經驗，努力地主動前進並推動周遭的人運作起來。這是因為，身為一個社會人士，必須是能考量周遭對象的情況，且獨立自主的個體。

❸第三位：帶出第二位的例子中所包含的意義，並指出「不要疏忽詢問及確認的步驟」這個社會人士之間的共識。最後以「能考量周遭對象的情況，且獨立自主的個體」才是社會人士這一點，來做了高明的收尾。

第 5 章

# 又有趣又能「打動他人」的說話方式

▶▶ 對於無法按照你計畫去行動的人，應該如何驅使他們動起來呢？只要掌握好「使別人動起來」的說話方式就可以了！

LESSON 36

# 做好聽眾，找出「說服點」

在生活中各種場合、對應各種對象時，打動聽眾必需要學會五個技巧。首先第一個技巧重點是「發現說服點」。

「自己絕對是正確的！」「這個內容最好！」「不可能拒絕我說的話！」就算講者想要說服他人接受自己的想法，聽眾也不一定會被打動。因為正如前述，決定最終對話結果或說服效果的人不是講者，而是聽眾。

所以，在研究說話內容時，**思考「要說什麼比較好？」之前，必須仔細思考「聽眾想要聽到什麼？」**

為了達成說服的目的，必須「因『人』施教」「擒賊先

●仔細聽對方說話的內容，是打動對方的第一祕訣

擒王」，一定要找出能夠打動對手的說服「關鍵」。我們將這個「關鍵」稱為「說服點」。

那麼，要如何做才能找出「說服點」呢？答案就是「不要說話、讓別人說」，意思就是「做聽眾」——**「仔細聽對方所說的話！」其實就是打動對方的最大祕訣**及最快捷徑。為了發現說服點，請努力學習當個好聽眾。

案例研討

## 找出「說服點」的鍛鍊方法

就像身體有致命要害，說服也有它的要害——即「說服點」。以下我們透過實例Q&A，來學習發現說服點的訣竅。請先閱讀問題、用自己的想法思考後，再閱讀解說。

**第一題**

邀請了跟自己同班、且喜歡網球的女生參加公司內部網球社，卻沒有馬上得到回覆。請問接下來該怎麼做？

❶ 這裡應當抓出她猶豫的理由。要得到答案，重點是成為聽眾、讓對方說出原因，「練習場地太遠了」「已經參加附近的網球社團」等，得到這些答案後就能發現說服點。

## 第二題

一名汽車輪胎業務前往運輸公司，向採購專員進行銷售，並和別的公司產生激烈的銷售競爭。雖然價格及功能上沒有太大差異，但缺乏最後決勝負的關鍵。仔細一看，發現採購專員桌上放著家人的照片，請問接下來該怎麼做？

❷ 家人照片是這裡的重點，訣竅在於利用「對方關心的事」來影響對話的發展。「這照片是您的家人吧？」可透過上述句子來開啟對話。專員之後可能會說：「對我們公司而言，安全是第一優先。若遭逢事故，最傷心的就是家人了。」這時，業務再以自己公司輪胎的「安全性」為中心來說明論點，進而成功達成交易。

**解說**

在第一、二題的案例中，不只是「單純成為聽眾」，更重要的是聽的時候，必須一邊意識到自己的目的，同時找出雙方能共同商討的「交集點」。

LESSON 37

# 把結果秀給對方看

當別人勸誘或希望我們做任何事時，我們首先會想到「做了那件事後，那些東西會發生什麼改變？」「這樣做的好處是什麼？」因為人們都最想要先知道事情的結果。

所以，**想要確實抓住對方內心，「秀出結果」是非常有效的一種說服方法**。那應該如何呈現「結果」才有好的效果呢？雖然有各種不同的方法，但最能達到效果的方法，就是「藉由視覺表現來呈現結果」。

說話的時候伴隨著文字語言以外的要素，最具有代表性的例子，就是前面提過的「映入眼簾的外在印象」，例如態

### 山本五十六名言：率先垂範

「做給人看、講給人聽、讓人動起來、不褒獎人就不會動」，這是二戰期間擔任日本海軍聯合艦隊司令長官，山本五十六的名言。「做給人看」就是「率先垂範」的精髓。透過自己的「行動」，牽動對方的「視覺感官」。接著「講給人聽」代表「說明能力」。「讓人動起來」指「第一步就是行動」，最後的「褒獎」則是「給予評價」，因為人都想要被認同。

度、表情、舉止、姿態等。這些「外在印象」在談話中，占有非常大的影響力。

只要積極利用「映入眼簾的外在印象」，例如使用「手勢」增加聽眾的視覺感受，讓內容更加突出並增強說服力。此外，使用「視覺道具」也是有效的方式，例如用電腦軟體將要呈現的數字「圖表化」，或推薦商品時拿出「實際物品」讓對方參考等，都能使聽眾產生繼續聆聽的意願。

### 想像的力量

每一個人對於工作、婚姻、家庭……，都有著不同的想像或憧憬，這些想像可以使我們開始行動並做出決定。像是「想買新車，跟女朋友去兜風」「想住在獨棟透天的房子」等，想到這些，心情會變得興奮著急，進而開始做出實際行動，「籌措款項」或「前往樣品屋接待中心」等。最近，我也回想起二十年前的「彈鋼琴之夢」，並付諸行動，開始學習。

案例研討

# 讓說話內容形象化

若一段談話能讓人具體想像出一個形象，那就是非常具有說服力、且能吸引聽眾內心的談話。這裡我們將透過實際例子來學習如何讓說話內容形象化的技巧。

〔不良例子〕

這是從某位演講者身上聽來的故事。他在日本關西出身，從來沒有離開過當地。但有一段時間曾經一個人住在東京，遇到某件事情後，讓他深切感受到「啊！原來東京人也不全都是這樣！本來以為全都是些冷漠的人，但其實並非如此！」那次之後，他似乎就不再像以

詳細解說

❶

「從來沒有離開過」具體來說到底是多久？「有一段時間」是指什麼時候？「像以前那般討厭」是多討厭？這些抽象的說法，都是只顧自

前那般討厭東京。

**解說**

這段內容沒有明確指出想描述「從故鄉出來探索外面世界的重要性」，或是想表達「一個人住的快樂」，還是想陳述「根據環境或狀況不同而產生的思考變化」。應該在一開始談話時，就好好傳達自己想說的主題。聽眾若能事先「預測」談話內容，就會感到安心。

己的說話方式，內容讓人完全「搞不懂」。

❷「某件事情」是指什麼事情？「不全都是這樣」跟「其實並非如此」又是跟什麼比較才不全是這樣？這段談話中，完全看不到任何的具體形象。

LESSON 38

# 提出方法，讓聽眾聽完就動

就算你拚了命想勸說對方，但對方不管怎樣就是不肯行動或不肯協助時，到底應該採取什麼手段？

某些情況中，當聽眾對你的說服沒有反應時，可能是因為他「不知道怎麼做，所以無法行動」。像這樣的情況，只要講者主動提出可行方法就有機會解決問題。此時，請留意以下的三個關鍵。

**❶提出事情時盡量減輕負擔感**

若想進行的事情非常麻煩或超出自己能力範圍，人就會

●提出可行方法時，要舉出周遭的例子提高認同感。

毫無動力、怎麼樣都無法開始行動。因此，若想拜託對方做十項事情時，先從中選兩三項請他試試看。這樣可使對方不會感到負擔太重，進而產生「那就做做看」的心情。

**❷提出多種方法讓對方選擇**

可以提出多種不同方法，讓對方從中選出最適合自己的選項。例如一定要約到某個人時，不問他「○月○日您方便嗎？」而是詢問對方「下週或下下週您可以嗎？」

**❸若還是不行動，直接請他先做**

若使用了方法❶、❷都還是動不起來的人，就告訴他「船到橋頭自然直」，總之直接請他先開始做。

結果他們結婚時，什麼都沒有跟你說的話……
那當然會超不爽阿！
啊！
工作也是這樣對吧！對不起，以後我會多加注意……

案例研討

## 掌握提出可行方法的訣竅

「我不知道方法，所以沒辦法做！」要使這樣的人開始行動，就必須給他可行的辦法。以下案例為要開發新的業務領域，並在電話中與對方約見面，可以參考。

〔範例〕

你：「下週或下下週，您的時間方便嗎？」

客戶：「下週好像有點忙……」

你：「那下下週的前半跟後半段，那個會比較適合呢？」

詳細解說

❶ 一邊推測對方的工作狀況、一邊以尊重對方的形式，透過提案讓對方選擇，就能巧妙與對方約好見面時間。

客戶：「後半段應該會比較方便……」
你：「那週四或週五可以嗎？」
客戶：「嗯……週四好了。」
你：「週四的上午跟下午那段時間比較好呢？」
客戶：「下午我比較有時間。」
你：「那就下下週的星期四、○月○號下午一點十分，我將前往拜訪您！」

❷ 決定具體時間點的關鍵如上述般，提出「下午一點十分」這種有尾數的時間。不僅能讓對方更容易記憶深刻，還可以製造出「我也是忙碌中撥冗拜訪」的印象。

## LESSON 39

# 切記不要傷害對方的自尊心

其實，只靠說明「道理」，人是不會開始有任何行動的。排除「道理」這個因素，能貫徹多少「情感面」的顧慮，才是決定說服成敗的關鍵。

假如大家拍了一張團體照，當那張照片傳到你手上時，你第一個會先看誰呢？我想，大家應該會先看自己吧！因為人潛意識會認為自己最有魅力，且對自己最有興趣。

所以**在談話時，使用讓聽眾感到「自己被否定」的措辭是一項大忌**，因為這樣會讓對方憤怒起來，並對講者感到排斥及反彈，「就是因為他說得對，所以更讓人生氣」！

### 維護自尊的魔力短句

短句1
**問候語**
若能先主動問候，即可引導對方。

短句2
**道歉語**
若與對方談話中發生狀況，先主動道歉、緩和對方情緒。

因此，在說服他人時，若想要達成目的，就必須維護對方的自尊心。那我們應該怎麼做，才能邊維護對方自尊，邊進行談話呢？其中一種方式就是使用**「肯定的表現」**。

乍看之下好像很難，但其實很多情況，都有成功的例子。在說服對方達成你要的目的時，可以使用「是你的話，一定可以」這樣的肯定語句，來刺激其自尊心。聽眾若能產生積極的情緒，那說服成功的可能性也會大大增加。

短句3
**感謝語**
當別人說「謝謝」時，沒有人會感到不開心。

←

短句4
**待客語**
「不好意思，將造成您的不便」、「不好意思，不知可否……」、「恕我冒昧……」這些短句，在請託他人時很有效。

←

短句5
**回應對方「是」**
只是沒有「回應」，就可能激怒對方。

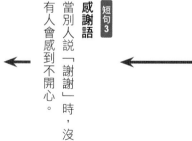

案例研討

## 維護對方自尊心理的說話方式

以下幾個主管對部屬說話的場合，特別容易發生傷害對方自尊心的情況。這可能是因為主管的內心，帶著自己屬於高階立場的情緒造成。但請不要忘記，和他人相處時，任何人都是平等的個體。

❶ 熱烈談論著有關興趣話題的部屬

「若你對工作也能這麼有熱心就好了……」

部屬OS：明明自己就只會工作，沒有興趣愛好！

↓

「你真是好奇心旺盛的人耶！」

❷ 出差回來，想對在加班的部屬表示「你很認真」

「你還在這裡啊？」

部屬OS：對啊，我還在加班，真不好意思喔……

「回來正感到很累時，看到你還在，覺得很窩心呢！」

❸ 想跟很久沒說話的部屬聊聊，但他正要離去

「你要回去了嗎？」

部屬OS：難道不能早點回去嗎？

「本來想好好跟你聊聊天的，不知道下週你方便嗎？」

❹ 跟理解能力較差的部屬說明事情時

「所以就跟你說了……就是這樣啊！」

部屬OS：講過了也不用擺出不耐煩的臉吧！

「剛剛的說明，有沒有什麼不好懂的地方呢？」

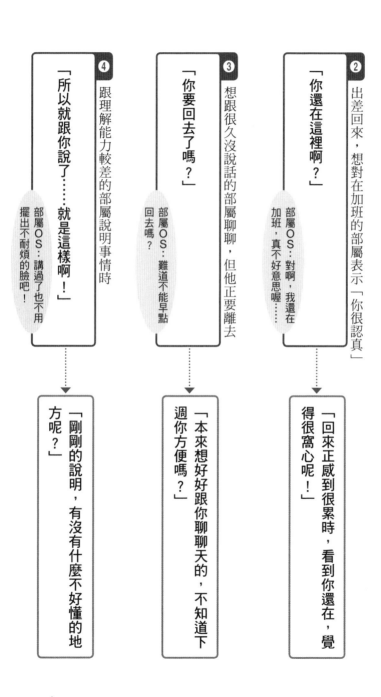

LESSON 40

# 談話內容，務必考量對方立場

早餐還沒吃就趕著去上班，當麻煩的工作總算告一個段落，準備外出填飽肚子時，一通任性不講理的委託電話就打了過來，讓人忍不住想要破口大罵。

從以上例子中，請試著站在打電話的人的立場看看。在拜託別人處理事情時，看來應該是在填飽肚子的午飯時間後，會進行得比較順利，且得到對方理解。

**跟人說話時，「TPO」的準則是重要關鍵**。Time（時間）及Timing（時機）的「T」、Purpose（目的）及People（人）的「P」，以及Object（對象）和Occasion（場合）

## 改變說話技巧，你就能煥然一新！

這是「CNS話術研究所」的中心標語，就算是早上一個「早安」的問候，也會因為自己所發出的聲音或情緒不同，給自己與對方不同的影響。

托爾斯泰曾說過：「人類總想嘗試改變周遭的人，但絕對不會想改變自己！」或許就如他所說，但即使我們不想改變自己，也可以試著改變「說話方式及聽話方式」。

此書就是為了達成此目的、磨練說話技巧的訓練的「O」，這三項的縮寫即是「TPO」的準則。

我們看一些例子。當客人隔著櫃臺大聲責罵時，可以說「請移駕會客室」，先移動場所再開始對話，客人彷彿是另外一個人般，變得冷靜並開始說話。這是改變「場所」所帶來的其中一種「影響」。

另外一個例子是被一位一直都有在聯絡往來，且是潛在客戶拒絕。當部屬和主管報告此事時，因為從頭開始敘述整個冗長過程，結果被主管大聲喝叱：「結論到底是什麼！」會變成這樣，是因為他沒有徹底掌握報告的目的。

**想讓無法輕易按照你計畫行動的人開始動作時，為了讓自己的要求更容易被接納，必須努力下工夫發揮TPO準則的最大限度。**

書。這本書所提到的各種基本原理及方法，是在實際日常生活中「實踐」後才開始真正擁有它的價值。「改變說話技巧，你就能煥然一新」！請各位務必透過自己的力量，來親身確認這句話的意涵。

案例研討

## 注重TPO的說話方式

說話時必須考量時間點、場所及場合後，方可開始。最後的訓練，我們將透過具體例子，來學習如何注重TPO。請用〇、×、△，來評價❶到❿號的講者的態度。感到不確定時，請站在聽眾的立場來思考。

**❶在眾人面前對犯下錯誤，但已深深反省的部屬大聲責罵。** □

❶這樣落井下石，繼續責罵，會傷害對方自尊心。 ×

**❷不當場斥責遲到的部屬，等到傍晚才好像剛好想到地發怒。** □

❷違反規矩時，當場責罵是鐵則。 ×

❸雖然是自己委託對方事情，但卻讓對方來拜訪你。 □

❹客人在櫃臺前大罵，只是站在原地聽，維持現狀。 □

❺在阪神虎隊輸球的隔天，委託狂熱阪神虎球迷麻煩的工作。 □

❻在午休前或正要下班時，托付他人耗費時間工夫的工作。 □

❼約在雙方都是第一次前往的車站見面。 □

❽請對方收集他不擅長的領域的資訊。 □

❸視委託內容決定。基本上發送訂單方做拜訪是職場禮儀。 △

❹應前往會客室等其他地方來改變「場所」。 ×

❺雖然想要公私分明，但心情上是無法接受的狀態。 △

❻若是緊急狀態可另當別論，但需先解釋「為何挑這種時間」。 △

❼最好是講者跟聽眾雙方都確實知道的地方。 △

❽雖會造成對方負擔，但也可能會發現意外的情報。 △

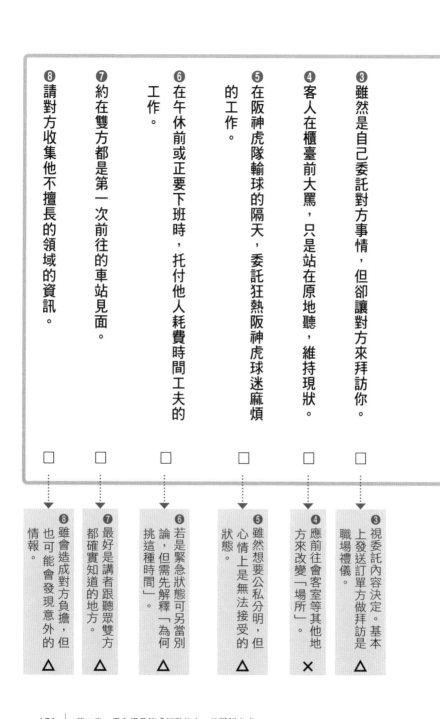

❾和年紀比你大的部屬一起去喝幾杯時，好好敬重對方。□

❿好不容易才約到見面，所以熱烈的聊了將近兩小時。□

❾工作上雖然是你的部屬，但要尊重其人生上前輩的角色。○

❿視內容或談話情況而定，應該開始就先確認有多少時間。△

# 第 6 章

# 最有趣的說話專家私房技術大公開

▶▶ 說話專家到底都如何準備並進行演講或對談的呢？本章將介紹後台的準備過程，同時收錄作者於研討會上演講的內容與經驗談。

到目前為止，本書解說了許多磨練說話技巧的訓練方法，而本章要介紹我實際於東京國際論壇舉辦的話技巧研習會，在後台的準備過程。

## ●觀察聽眾的型態再演講

當天會場的情況，可以看到集聚了不同年齡層的人士，且中高齡的聽眾居多。此外，也有很多常聽我演講的人或是說話技巧研究所的講師。因此，我的內心有點糾葛不安，擔心「會不會被認為又講同樣的內容！」（笑）。

記得那天是ㄓ週日，時間約是下午一點開，這時大家應該都是吃過午飯後再過來的。這是個讓人有點昏昏欲睡的時間點，但可能是因為我大量使用每個人都共同經驗過的日常生活情境，來當具體例子，所以我感受到聽眾們都抱持著濃厚興趣，並專注地聽著演講內容。

當中高齡長輩較多的時候，我會從自己所擁有的談話資料庫中，積極使用夫妻相關的話題來演講。特別是失敗的經驗談，似乎能使聽眾更有共鳴，反應非常好。這次研討會上我分享了以下這個插曲：提醒妻子注意一直放在地毯上的眼鏡時，居然受到「意料之外的反擊」。

日常生活中的事件，因為是聽眾身邊平常也會發生的事，所以能讓聽眾覺得「嗯！他應該沒有要談太艱深的內容」而使其具有安心

## ●就算睡眠不足也要全力應戰

其實那時候我的情況是，在演講前那陣子我都很忙碌，沒有足夠時間準備，結果演講計畫及談話架構都無法仔細推敲構思。由於此研討會的參加對象為一般民眾，我不知道會有那些聽眾前來，加上公司名稱「ＣＮＳ說話研究所」又大大地掛在會場外，因此我的責任也很重大。

壓力與一定要好好準備的思緒，導致我前天晚上根本沒睡好，幾乎是徹夜未眠的狀態。

在這種情況下，為**了找回自己的步調，我總是會謹記以下動作：在出發至會場前所發生的任何小事情**，例如出門前和妻子的交談、電車中聽到或看到的事情、抵達會場後所觀察到的現場狀況，直到演講正式開始前一刻，我都還在拚命尋找像這些當天所發現的話題。

根據過往的經驗，這些話題能吸引聽眾的耳朵，於開場

感。在該研討會中，我交叉使用在公司或生活中實際遇到的事情，來進行說明。

- 夫婦對話
- 主管與部屬的對話
- 電車中的對話
- 親子對話
- 與服務人員的窗口對話

時使用是非常有效果的。假設以會場現況做開場，講者只要說：「剛剛我看到了會場有這個東西……」接著聽眾便會抱持「根本沒注意到那個東西，是個意外的發現」這個想法，繼而對談話開始產生興趣。

透過此程序，可以幫助我們，順暢地連接到之後的演講內容，並同時慢慢找回自己的步調。

### ●對聽眾下指示，也是關鍵

研討會開始後，我馬上請會場的大家和前後左右的鄰居互相自我介紹。**這個步驟我每次都一定會做，因為它也是一種幫助製造氣氛的手法**。

在研討會中，我讓學員互相進行簡單的自我介紹。演講會場當天擺放了長方形的桌子，聽眾們則是以稍微被擠壓的方式，坐在位置上。因此，我便想營造出輕鬆的氣氛。要是當時有更多空間，除了自我介紹，還能進行各種活動身體的實際活動。

但要注意的是，請參與學員移動身體時，有些事情必須要小心。首先是說明必須明確。如果說明不清不楚，那接受指示的人會感到混亂。

接著，要求大家做任何動作時的講話方式與措辭也很重要。「請開始這樣做」「那就開始吧」……像這樣過於命令式的說法，會讓人感到不快，因此必須採取更自然順暢、不逼迫對方的語調進行。

這時，不妨使用以下說法：「能請各位嘗試看看嗎？」或「因為想讓大家了解這個意涵，所以希望各位稍微試試看」「開始之後，說不定會產生新的發現」講者必須像這樣，隨時注意聽眾，並喚起他們期待感。

> 能使人帶有期待感的表現方法如下：「因此，各位請務必」「今天希望各位注意的地方是」「事實上是這樣的」「我想說的是：失敗是在所難免的」等。

## ●以簡短題材為中心

這次研討會上的演講，可說是以精簡話題及簡短案例為中心所構成的。我將之稱為「巧克例」，意即使用「巧妙且克難的精簡事例」，使聽眾了解。

> 參加此次研討會的聽眾，其年齡、性別、職業等個人條件都很分散，所以在選擇話題上，花了不少的心思。若在企業研習的場合，談跟職

相反地，也有使用具有高潮迭起及意外性的長篇內容，

做為演講內容，分享給聽眾。有人擅長講解長篇內容，也有人擅長使用精簡話題做連接。

我雖然也收集了一些長篇題材，但我比較是使用簡短故事，使聽眾立刻理解的講者類型。以聽眾的立場而言，一個故事假如太長，會讓人無法集中精神、持續聽下去。

如果是經驗非常老到的講者，因為其帶有個人獨特的說話方式，或散發出不同的氣氛，就算是長篇故事，聽眾也可能不知不覺就被吸引，這種情形我認為是有可能的。

### ●看向聽眾掌握整場氣氛

企業研習的分享對象，大約是二十至三十人，所以可以顧慮到每一個人，並與他們都有言語互動。但在人數較多的情況下，就不太容易做到這點。相較起來，距離較近的人，會因為視線交會，比較有對話的感覺。

場完全無關的話題，大家就會對你不理不睬，好像在問你：「這跟工作完全無關吧？」這時就要刻意準備與職場相關的話題。

相反的，若聽眾是一般大眾，就算使用職場相關話題來演講，對方也不會特別產生共鳴，這種情況，我通常就會以生活中的例子為中心來演講。

但我盡量不讓視線太過於固定在同一個地方，並隨時注意，將全體納入視野內進行演說。

此次研討會中，前面算起第五排的位置左右，有一位感覺起來稍微年長，且具有高知識水準，屬於教養及經驗豐富的教授型人物。由於這位聽眾非常顯眼，所以讓我產生了「好！這次演講必須讓他聽懂！」的情緒。

當然，會場上還有許多其他與會者，所以不止那位聽眾，我仍必須將視線投向全體聽眾。投向全體的意思是指以顯眼聽眾為中心點，然後均勻地看向會場，掌握整體情況。

當天的會場因為是長條狀，所以不太容易看到最後面，但我仍然努力嘗試去掌握現場有怎樣的聽眾，以及整體的氣氛。這時因為周遭都是不認識的人，因此有些「僵硬不自在」的感覺。此外，此次研討會也曾於女性商業雜誌募集參加者，有一位單獨大方前來的OL專注抄筆記的樣子，也讓我留下深刻印象。

### ●留下餘韻做結束

關於演講對談收尾的部分，我雖然會特別留意開場如何吸引聽眾，但結尾時，我並不太喜歡強力而急切短瞬的結束，這總讓我有點太過頭的感覺。

所以，我比較常將當天所說的內容，總結成一句讓人印象深刻的話語，例如簡短的格言、諺語，或介紹名人說過的話來結束演講。我盡可能讓它維持簡短，並希望給大家留下一絲絲餘韻。

雖然心裡想這麼做，但也並不是每一次都能做到。我也曾經遇到過當說出「今天非常謝謝各位」這句話後，現場沒什麼掌聲，以至於我離開講台時，感到有點無力。相反地，最後獲得如雷掌聲時就會產生「有來演講真是太好了」的心情。

從這點看來，每一次談話演講都有不同的狀況。說話這件事，真的就像是活跳跳的生物一樣呢！

若要列舉適合演講收尾的話題，我會盡量使用讓內心溫暖起來的故事或小插曲。像是此次研討會我用一個生活小插曲收尾。一名高中女生在買票時，不小心插進了正在排隊的隊伍中，另一位男性則用友善的口氣，提醒這名女孩她插隊了。

結束時間的部分，我總是會盡量稍微提早讓演講結束。因為一般來聽演講的人們，都會期待演講能在預定時間內結束。我記得這場演講，我也比預定的時間提早幾分鐘結束。最後以托爾斯泰的格言收場，讓話題接續到下一位講師的主題上。

有這張超方便！

# 45個說話技巧檢查表

將說話技巧的精華濃縮於此表中的45種項目。只要能徹底掌握這些關鍵，說話技術就會有顯著進步。每次在人前說話或練習談話與演講時，可使用〇（優）、△（普通）、×（差）來評價自己是否確實做到這些項目。此外，也可邀請聽眾來幫你評價。

| 檢查項目 | 對應Lesson | 自己的評價 | 聽眾的評價 |
|---|---|---|---|
| 1 實踐三明治法 | Lesson 1～4 | | |
| 2 有效地問候聽眾 | Lesson 2～3 | | |
| 3 提升外在印象：「伸直背脊！」 | Lesson 5 | | |
| 4 提升外在印象：「看著對方眼睛說話！」 | Lesson 5 | | |
| 5 提升外在印象：「雙手自然擺放！」 | Lesson 5 | | |
| 6 提升外在印象：「雙腳站穩！」 | Lesson 5 | | |
| 7 提升外在印象：「服裝要整潔！」 | Lesson 5 | | |
| 8 提升外在印象：「有無不佳的癖好或小動作！」 | Lesson 5 | | |
| 9 以豐富的表情進行溝通 | Lesson 6 | | |
| 10 表情肌肉的訓練：「記住面帶笑容！」 | Lesson 6 | | |
| 11 留意談話間隔：「段落開始前先停頓！」 | Lesson 8 | | |
| 12 留意談話間隔：「說話之間保持間隔！」 | Lesson 8 | | |
| 13 留意呼吸方法：「腹式呼吸的訓練！」 | Lesson 9 | | |
| 14 留意呼吸方法：「徹底張開嘴巴！」 | Lesson 11 | | |
| 15 留意呼吸方法：「確實發出母音！」 | Lesson 11 | | |
| 16 留意呼吸方法：「語句表達要明確！」 | Lesson 11 | | |
| 17 留意傾聽方法：「看著對方眼睛聽到最後！」 | Lesson 12 | | |
| 18 留意傾聽方法：「聆聽時邊點頭邊回應！」 | Lesson 12 | | |
| 19 留意傾聽方法：「加入能產生共鳴的附和語！」 | Lesson 12 | | |
| 20 留意傾聽方法：「使用互動式傾聽！」 | Lesson 12 | | |

※「背眼手腳服癖」

✂ 剪切線 ✂

| 檢查項目 | 對應Lesson | 自己的評價 | 聽眾的評價 |
|---|---|---|---|
| 21 談話目的❶「以問候打造豐富的人際關係！」 | Lesson 17 | | |
| 22 談話目的❷「使用報告及說明來做有效的資訊傳遞！」 | Lesson 18 | | |
| 23 談話目的❸「思考說服方法來打動別人！」 | Lesson 19 | | |
| 24 談話目的❹「不止理論，更要訴諸於對方的感情！」 | Lesson 20 | | |
| 25 談話準備：「不要使用原稿，而是準備重點備忘錄！」 | Lesson 21 | | |
| 26 內容構成：「主題 1 行化！」 | Lesson 22 | | |
| 27 內容構成：「設定重點及高峰！」 | Lesson 24 | | |
| 28 內容構成：「下工夫準備破題及結尾！」 | Lesson 25 | | |
| 29 談話發展：「以項目優先法說出關鍵點！」 | Lesson 27 | | |
| 30 說話表現的原則：「易懂！」 | Lesson 31 | | |
| 31 說話表現的原則：「簡潔！」 | Lesson 31 | | |
| 32 說話表現的原則：「讓人印象深刻！」 | Lesson 31 | | |
| 33 談話訣竅：「表現具體！」 | Lesson 28 | | |
| 34 談話訣竅：「使用比喻及例子！」 | Lesson 29 | | |
| 35 談話訣竅：「邊問問題邊說！」 | Lesson 13 | | |
| 36 尋找話題：「停下腳步思考！」 | Lesson 30 | | |
| 37 重新思考：「試著重新再看一次！」 | Lesson 30 | | |
| 38 改變視點：「改變方向及視點再思考！」 | Lesson 30 | | |
| 39 尋找話題：「試著去觀察周遭！」 | Lesson 30 | | |
| 40 尋找說服點：「假裝自己是聽眾！」 | Lesson 36 | | |
| 41 秀出結果：「內容形象化，讓對方產生動力！」 | Lesson 37 | | |
| 42 提出可行方法：「減輕對方負擔！」 | Lesson 38 | | |
| 43 給予選項：「讓對方從中選擇！」 | Lesson 38 | | |
| 44 肯定措辭：「以肯定措辭維護對方的自尊心！」 | Lesson 39 | | |
| 45 TPO：「讓時機·人·場所·狀況，成為助力！」 | Lesson 40 | | |

✂ 剪切線 ✂

翻轉學　翻轉學系列 055

# 讓你說話更有趣的40個技巧

## 日本說話大師教你這樣說，克服緊張害羞，報告、提案、閒聊都能一開口就具有感染力！【暢銷新裝版】

話し方の技術が面白いほど身につく本〔改訂版〕

作　　者　櫻井弘
譯　　者　趙君苹
總 編 輯　何玉美
主　　編　林俊安
責任編輯　曾郁閔
封面設計　張天薪
內文排版　許貴華

出版發行　采實文化事業股份有限公司
行銷企畫　陳佩宜・黃于庭・馮羿勳・蔡雨庭・陳豫萱
業務發行　張世明・林踏欣・林坤蓉・王貞玉・張惠屏
國際版權　王俐雯・林冠妤
印務採購　曾玉霞
會計行政　王雅蕙・李韶婉・簡佩鈺
法律顧問　第一國際法律事務所　余淑杏律師
電子信箱　acme@acmebook.com.tw
采實官網　www.acmebook.com.tw
采實臉書　www.facebook.com/acmebook01

I S B N　978-986-507-270-4
定　　價　320 元
二版一刷　2021 年 3 月
劃撥帳號　50148859
劃撥戶名　采實文化事業股份有限公司
10457 台北市中山區南京東路二段 95 號 9 樓
電話：（02）2511-9798　傳真：（02）2571-3298

國家圖書館出版品預行編目資料

讓你說話更有趣的 40 個技巧：日本說話大師教你這樣說，克服緊張害羞，報告、提案、閒聊都能一開口就具有感染力！【暢銷新裝版】/ 櫻井弘著；趙君苹譯 . -- 二版 . -- 台北市：采實文化事業股份有限公司，2021.03
192 面；14.8×21 公分 . --（翻轉學系列；55）
譯自：話し方の技術が面白いほど身につく本〔改訂版〕
ISBN 978-986-507-270-4（平裝）
1. 說話藝術 2. 溝通技巧
192.32　110000159



采實出版集團
ACME PUBLISHING GROUP